行基の
喜光寺
１３００年

本堂外観

本堂　阿弥陀如来坐像

南大門

南大門　扁額

南大門　仁王像　阿形

南大門　仁王像　吽形

行基堂

行基堂　行基菩薩坐像

令和3年建立　佛舎利殿

佛舎利殿　内観

佛舎利殿　本尊
釈迦如来初転法輪坐像

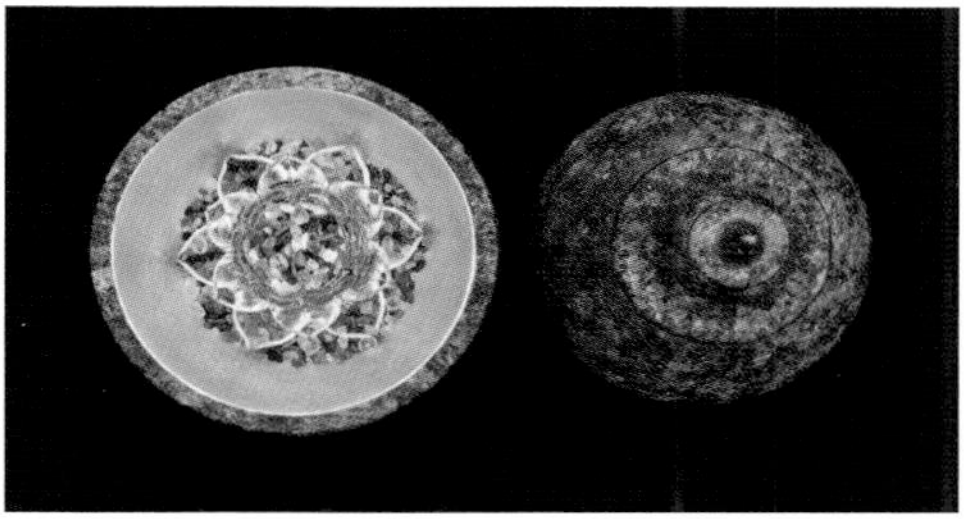

舎利容器に納められた佛舎利（貴石）

佛舎利殿　舎利容器

蓮の寺　喜光寺として

蓮と本堂

原始蓮

漢蓮

行基蓮

巨椋五丁田

古代蓮

天竺斑蓮

印度蓮

天四海

佛見笑

蜀紅蓮

瑞光蓮

王子蓮

唐蓮

大賀蓮

睡蓮

インド・母なる河ガンジス

ブッダガヤ　印度山日本寺の菩提樹学園

インド・ナーランダ佛教大学跡

インド・ヴァイシャーリーの史跡にて

写経道場にて　山田法胤住職による法話

喜び守

敦煌　莫高窟の涅槃像

はじめに

世の中は医学が進歩し、レントゲンやＣＴ検査によって、人間の体内が見えて何でもわかるといいますが、心を写すことは出来ないし、スマホの時代で、スマホは魔法のように思っている時代ですが、人間の社会は何がわかったのでしょう。

お経の中に、「不可知」とか、「不思議」という言葉が沢山使われていて、人間は何もわかっていないと教えておられます。「わかっているのでしょうか？わからない世の中なのでしょうか？」と問われると、実は何もわかっていないのではないでしょうか。

私は何故、薬師寺の僧侶になっているのか。何故、今、喜光寺の住職になって、１３００年前に創建された行基菩薩の寺の復興をしているのか。考えれば考える程わからなくなってきます。

何故、今から65年前、薬師寺に入り、橋本凝胤《はしもとぎょういん》という恐ろしいお坊さんの弟子になったのかわかりません。第一、岐阜の山奥に生まれた私が、奈良に65年も居ることがわかりません。わからないまま、平成2年（1990年）に喜光寺の住職に就任しました。もう少しで廃寺になるような寺でした。途方に暮れて、ご本尊の阿弥陀如来さまにお尋ねしました。私がこの寺の住職になっても、何もできないけどいいですか。毎朝5時か6時に決まって勤行は出来ません。境内は雑草だらけですが、きれいに掃除することもできません。毎日ご本尊のあなたさまにお茶を供えることもお花を供えることも出来ませんけどいいですか。それでも良ければ、と言って、阿弥陀如来さまに申し上げたのですが、ご本尊の阿弥陀さまは何も答えず、ほこりにまみれて唯《た》だ座しているばかりです。勝手にせよと言わんばかりに無言です。ところが、『般若心経』を何回も何回も繰り返して読誦していたら、ある日、佛さまがうなずいたような気がしたのです。それでも良いなら気が楽だと思い境内を歩いていると、蛇やらカエルやら、虫だらけの寺で、庫裏《くり》はカビ臭く湿気ているし、雨漏りはする。畳は腐ってボコボコして、床は落ちそうでした。第一、喜光寺は、寺に入る道がないと言っていいほどで、隣の病院と民家の間に、幅2メートル《メートル》程の通路があるだけでした。檀家は一軒もなく、地域の住民との交流はありませんでした。

私は、薬師寺の執事でもありましたから、薬師寺の仕事も色々としていました。その1つ、西国四十九薬師霊場会という畿内の薬師如来を安置する寺院を巡る巡礼講が出来た時でした。薬師寺が一番札所で、四十九番が比叡山の延暦寺です。この四十九ヶ寺を巡礼する会を結成していました。バス2台で1泊2日を7回の計画で巡礼することにして、70名ほどの方が集まり、そのお世話をしていたのです。最後に私が住職をしている喜光寺にもお詣りして下さるというのです。

その頃私は、喜光寺と行基菩薩を顕彰する目的で、薬師寺にならって「いろは写経」を始めていました。親しくなった西国四十九薬師霊場巡りの皆さんに、「いろは写経」を勧めると、お写経をして下さるという方が何人もありました。中でも、田中金子女史（薬剤師）が写経机を10台寄進して下さいました。嬉しかったです。そして、行基菩薩が入寂された2月2日（天平21年〔749〕2月2日入寂）を1年の大祭としました（現在は3月2日になっています）。毎月2日を喜光寺の縁日として、お写経と法話の会をすることにしました。20名、30名とお詣りの方が徐々に増えて来て下さるようになりました。床を直し、雨漏りを直し、少しずつ人が来て下さる寺になりました。

平成7年（1995）には、写経道場を建てることになりました。その年に、私はインド佛跡巡礼の旅を計画し、100名ほどの団を結成しました。先に下見にと思い、私は1人でインドに行きました。その時、ブッダガヤ（お釈迦さまが悟りを開かれた聖地）で釈迦佛に出会ったのです。坐像のお釈迦さまが、私に声をかけて下さったような気がしたのです。「法胤、私は日本に行くぞ！」というのです。お金の持ち合わせもないので、次に来るときにお金を払うということで、お釈迦さまをお連れして日本に請来することになったので、私はお釈迦さまを背負って帰国したのが、今の写経道場のご本尊さまです。

どうしても、寺の入口が病院と民家の間を通って入るようでは発展しないと思ったのですが、正面は、老人会のゲートボール場として、県が所有する土地でした。かつて、そこが喜光寺の門の跡であったことは、昭和44（1969）年の発掘調査でわかっていたので、なんとかならないかと考えておりました。

奈良は平城遷都1300年記念事業として、平成22年（2010）に、平城京を整備し、朱雀門や大極殿を復興する計画が進んでいました。その中で大阪と奈良を結ぶ第二阪奈道路拡張の計画が進み、喜光寺の前を通る旧阪奈道路を拡張することになりました。老人会のゲートボール場は一部阪奈道路となり、余分なところを喜光寺に協力してもよいということになったのです。そこで、喜光寺の「いろは写経」による「南大門復興」を呼びかけて勧進を進めました。途中で、奉賛会を結成することになり、近畿日本鉄道株式会社の（故）山口昌紀会長が喜光寺奉賛会の会長を受けて下さいました。株式会社南都銀行の西口廣宗頭取が地元奈良の企業の方々に呼びかけをして下さり、企業の方々の協力と「いろは写経」のご浄縁により、現在の喜光寺南大門が平成22年に建立、完成となりました。また、文化勲章受章の中村晋也先生が、仁王像を製作して下さることになり、平城遷都1300年の年の平成22年5月に落慶法要となったのです。

私にとって、この20数年の間に、廃寺寸前の喜光寺に写経道場ができ、南大門が建立され、仁王像が製作されたことなど、夢の出来事のようにしか思えないのです。不可思議というお経の教えの通りです。現在も、ご本尊の修理を文化庁の指導により令和7年（2025）を目処に進めているところです。今では全国に5，000人を超える信者さまがおられるお寺になりました。

その方々の中に、先祖をお祀りするのに後継者がおられなかったり、遠くて実家の墓にお詣りできないのでどうしたらよいかと相談される方が多くおられます。行基さまの教えを考えると、お墓や先祖供養は、血縁の家族だけでするものではなく、郷墓《さとばか》とか村墓といって、集落・集団でお祀りする合祀墓、合祀の佛壇をお造りし、皆で供養するのがよいと言われています。敦煌の壁画や千佛、日本の白鳳時代の川原寺の塼佛《せんぶつ》も先祖供養の歴史文化です。考えてみると、先祖を10代遡ると何千人という先祖になり、20代、30代と遡ると、何百万、何千万というご先祖さまになってゆきます。そんな意味で、喜光寺創建1300年を記念して、佛舎利殿を建立させていただきました。喜光寺に縁の有る皆で、各家のご先祖さまをお祀りさせていただこうと思い、令和七年の予定で落慶法要を厳修する次第です。

合掌

薬師寺長老
喜光寺住職　山田法胤

目次

第2章【佛陀の人生観】

第3章【人育て】

第４章【佛教法談】

喜光寺ご本尊阿弥陀如来坐像

第1章　行基さんと喜光寺

この章は、行基菩薩創建の寺、
喜光寺の住職として語り伝えてきたお話でまとめました。

※本書では行基菩薩の呼称について、「行基」以外にも住職が長年、親しみを込めて呼んできた「行基さん」と「行基菩薩」の両方の呼び方を使用しています。

【行基さんと菅原寺】

行基さんの人柄

行基さんは、天智天皇7年（668）に和泉国大鳥郡（大阪府堺市西区）にある母の実家で生まれました。この生家は後に「もとの生家を掃き清めて佛閣となす」（『行基年譜』安元元年〔1175〕）と記される通り、家原寺《えばらじ》となり現在に至ります。

母は蜂田古爾比売《はちたのこにひめ》、父は高志才智《こしのさいち》といいます。母は蜂田首虎身《はちたのおびととらみ》の長女で、後に改姓し、神別系氏族となりました。父は王邇《わに》（和邇）氏の末裔という家柄で、蜂田氏、高志氏はともに百済から来朝した渡来系の帰化人でした。

行基さんは『続日本紀』によると「初め出家せし時、瑜伽唯識論《ゆがゆいしきろん》を読み、即ちその意《こころ》を了《さと》りぬ」と記されています。瑜伽唯識は、現在の法相宗の教義で、薬師寺は法相宗の大本山であり、喜光寺も薬師寺の別格本山として法相宗を伝える寺です。瑜伽唯識を日本にもたらした道昭僧都は、遣唐使として白雉4年（653）に入唐しました。インドに渡り唯識教学を学ばれた玄奘三蔵法師に師事し、その高弟の慈恩大師と共に瑜伽唯識と禅を学ばれました。斉明天皇7年（661）に多くの経典をたずさえて帰国。飛鳥寺（法興寺）に禅院を建立し、瑜伽唯識を中心とした教えを弟子に指導されました。

行基さんは佛縁を得て15歳のときに出家したと伝えられています。出家したところは、明日香村の飛鳥寺（法興寺）か大官大寺《だいかんだいじ》のいずれかで、唯識を学び、その後は山林修行に入られたと考えられます。

民衆のために慈善活動

行基さんは唯識の教えに従い、民間への伝道と、社会福祉の施設を行く先々に設置し、信者集団を形成しました。

ところが大宝元年（701）に大宝律令が発布され、その中の「養老律令」の一篇に僧侶を厳しく取り締まる「僧尼令」が加えられました。具体的には私度《しど》の禁止、呪術による民衆布教の禁止、僧尼の破戒行為の禁止などで、それにより刑罰も処せられることになりました。

養老元年（717）、そのような国家体制の中、行基さんが民衆を教化したために小僧と呼ばれ弾圧を受けます。しかし、こういった状況におかれても、行基さんは高度な唯識の教義を指導することなく、耳目に入りやすい平易な教えを説きました。『続日本紀』（行基卒伝〔薨伝〕）には、そのような行基さんのことを「都鄙《とひ》（都と郊外の村々）を周遊して、衆生を教化す。道俗、教化を慕ひて、追従するもの動《やや》もすれば、千を以て数ふ。ゆえに和尚の来たるを聞けば、巷《ちまた》に居る人がなく、争い来たりて礼拝す。器に随ひて誘導し、ことごとく善に趣《おもむか》しむ」と伝えています。

親孝行とは

近鉄奈良駅前の噴水の所に立っている像が「行基菩薩」です。行基さんのお母さんは、ちょうど天平時代に入って以降の和銅5年正月に亡くなられています。その前に修行を一旦引き上げて、病に伏したお母さんの看病を生駒山中でされました。その時に歌を詠まれたと伝わるものに、

百石《ももさか》に　八十石《やそさか》添えて
賜いてし　乳房の報い
今日ぞわがする

があります。

この歌の教えは、『大乗本生心地観経』などに説かれる「母の乳を飲むこと百八十斛となす」が元になっていると考えられます。生まれてから乳離れする

３歳頃までの間に、お母さんのお乳を「百八十斛飲む」というのです。何人も子供を育てたら乳房が垂れ下がってきます。日本人はそれを尊い母の姿と捉えました。それゆえに万葉集では親を尊ぶ枕詞として「たらちね」といったのです。しかし、今の人はその垂れた状態を格好が悪いと思うようです。

行基さんは、その「百八十斛」の恩を何で返したらいいかと考えられました。そして、多くの滋養のある食べ物、野菜や薬草でお返ししようと思われたのでしょう。

初めて日本地図をつくった行基さん

山鳥のほろほろと啼く声聞けば
父かとぞ思う　母かとぞ思う

行基さんは衆生教化のために寺院の建立を計画され、畿内五畿（大和・山背・

摂津・河内・和泉）に49院の寺院を建立しました。その1つが菅原寺（後の喜光寺）です。また、全国各地を行脚され、その道中のいたる処に寺院を建立し、人々の救済や教化活動に携わりました。その伝承から行基さんは日本で初めて地図を制作されたとも伝えられています。

全国各地の旅で多くのご苦労もあった中、山鳥の啼く声を聴かれ「父かとぞ思う、母かとぞ思う」とおっしゃった

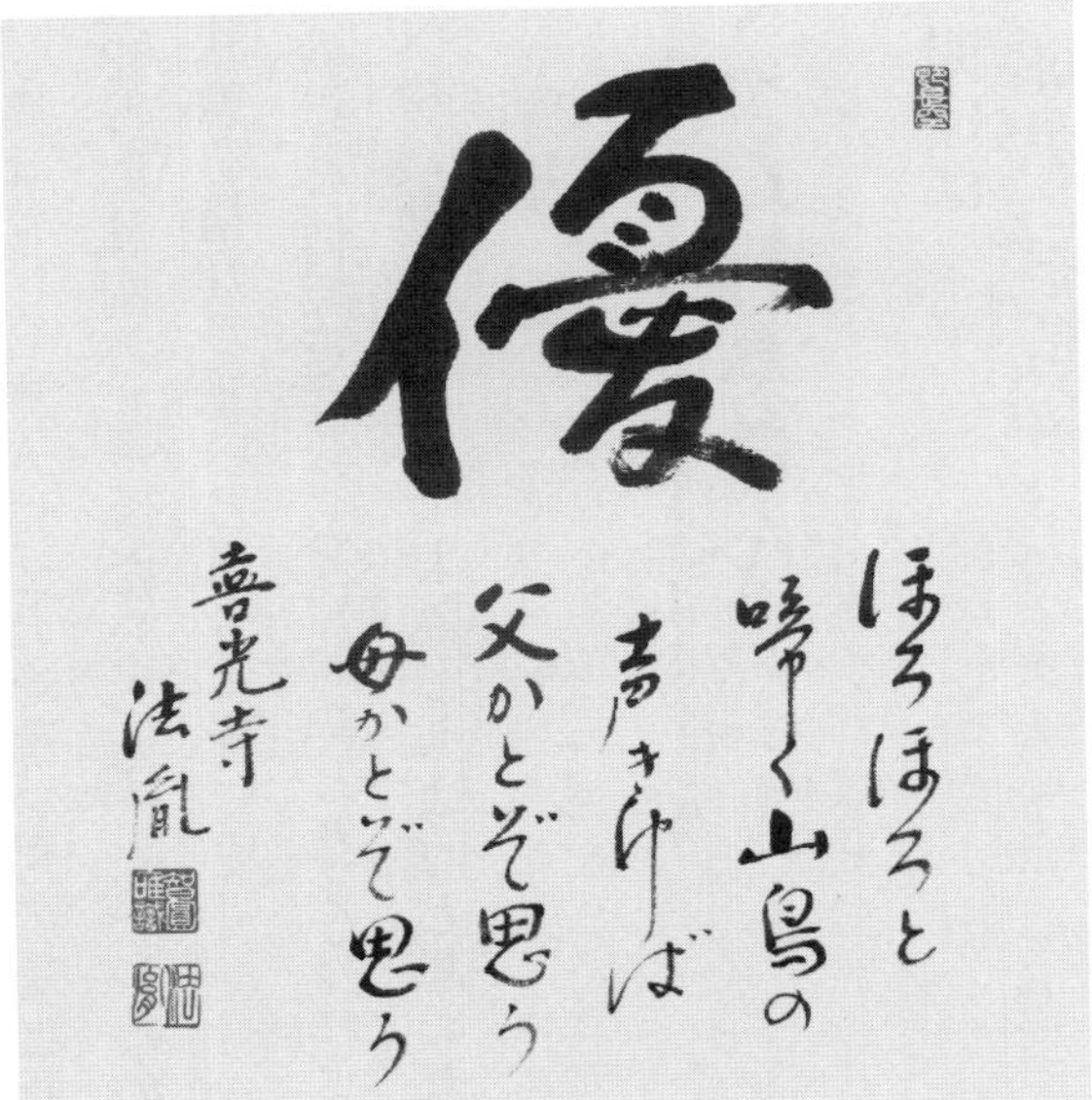

親孝行

のですから、行基さんはどんな時でも心の中に親を思い、お慕いする温かい心の僧侶であられたことが伺えます。

そういった心の持ち方が日常生活に表れ、人となりをつくり出していくのだと思います。天平時代に生きた行基さんは、政治・経済・文化、天災をどう認識し、その時代に生活する民衆の実体をいかに感じていたのか。行基さんの教化活動や実践は、温かくて思いやりの心で溢れていたことでしょう。

東大寺と盧舎那佛建立の中で

第45代聖武天皇が即位され、天平３年（７３１）には行基さんに従う知識者集団のうち、61才以上の優婆塞《うばそく》と55才以上の優婆夷《うばい》らの者は「法の如く修行すれば入道を許す」という法令を定めています。同12年には聖武天皇が泉橋寺（京都府木津川市）に赴き、行基さんと面会したといい、同13年（７４１）、天皇は行基さんを頼りに「国分寺建立の詔」を発布。日本各地の60余ヶ国にそれぞれ国分寺を建立しました。

その最後の国分寺となるのが現在の東大寺（金光明四天王護国之寺）でした。また、同15年（743）10月15日、天皇は「盧《る》舎《しゃ》那《な》佛《ぶつ》造《ぞう》立《りゅう》の詔」を発布しました。その一節には「菩薩の大願を発して盧舎那佛の金銅像一躯を造り奉る。国中の銅を尽くして盧舎那佛を鋳造し……、天下の富を所持する者は朕《ちん》なり、天下の権勢を所持する者も朕なり。この富と権勢をもってこ

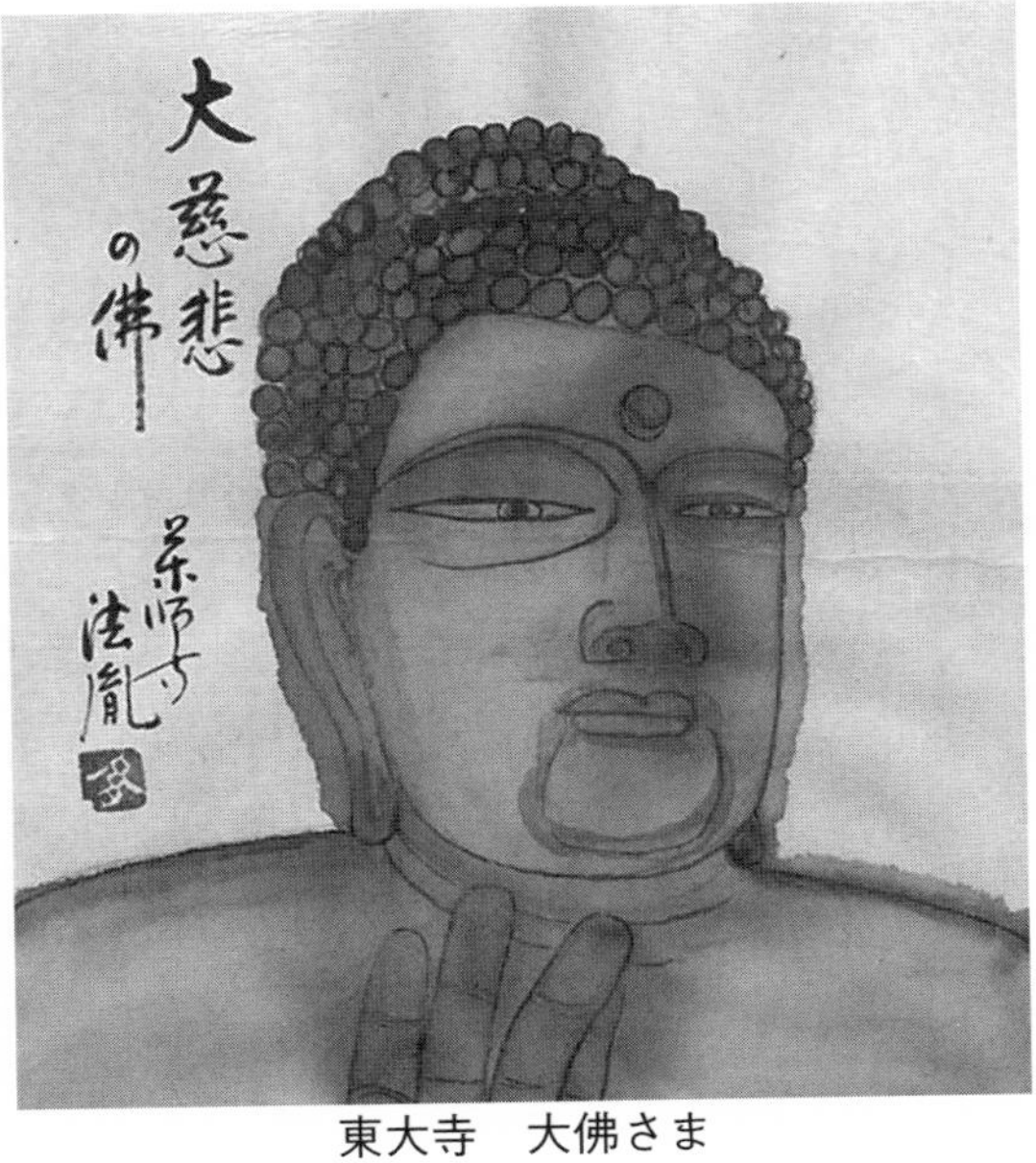

東大寺　大佛さま

の尊像を造ることは成りやすいが、その願を成就することは難しい。従って、この事業に参加する者は、心からなる至誠をもってそれぞれが大きな福を招くように、毎日三度、大佛を拝し……」。「もし更に一枝の草や一握りの土のような僅かなものでも捧げてこの造佛の仕事に協力したいと願う者があれば、欲するままにこれを許せ……」。と記されています。最後の一文のように聖武天皇は「一枝の草

東大寺　大佛殿

や一握りの土でも捧げて造佛に協力するものがあればこれを許せ」と呼びかけられました。そのとき、民衆の心を動かし、大佛造立に参加させることができる指導者は、行基さんをおいて他にはおられませんでした。そこで聖武天皇は行基さんに勧進の協力を要請しました。この「盧舎那佛造立の詔」の4日後、行基さんは弟子達を率いて広く民衆に参加を勧誘しています。

大衆に呼びかけ、勧進行脚を実践された行基さんは聖武天皇に認められ、天平17年（745）正月に日本で初めて大僧正に任命されました。

天平時代の明暗

天平文化は『万葉集』に「あをによし　寧楽の京師《みやこ》は　咲く花の　薫ふがごとく　今盛りなり」（巻3・328）と歌われたようにまさに輝いた時代でした。その主役は藤原氏一族、ことに聖武天皇と光明皇后と言えます。

一方では政変・叛乱《はんらん》・旱魃《かんばつ》・飢饉《ききん》・疫病・大地震といった天災・人災の惨憺《さんたん》

たる時代であったことも『続日本紀』に記録されています。夏目漱石は「草枕」の一文で「……明暗は表裏の如く、日のあたる所にはきっと影がさすと悟った……。――喜びの深きとき憂いよいよ深く、楽しみの大いなるほど苦しみも大きい。これを切り放そうとすると身が持てぬ。片づけようとすれば世が立たぬ。金は大事だ、大事なものが殖えれば寝る間も心配だろう。……閣僚の肩は数百万人の足を支えている。背中には重い天下がおぶさっている。うまい物も食わねば惜しい。少し食えば飽き足らぬ。存分食えばあとが不愉快だ。……」と言っています。この文章は何も天平文化に限らず、今の社会もそうですが、この明と暗との深い谷間を埋めるために、聖武天皇は大佛造立を計画したのかも知れません。

菅原寺にて入寂

行基さんが東大寺の大佛殿建立や大佛造立という大事業に協力する上で、地理的に見ても菅原寺《すがわらでら》（のちの喜光寺）を活動の拠点とされたことは、当然の流れだったと思います。前述の通り、行基さんの協力によって聖武天皇は大事業を成し遂げられました。そのころから行基さんは高齢ということもあり菅原寺に籠っていました。

『喜光寺縁起』によると、聖武天皇が行基さんを見舞いの為に菅原寺へ行幸された時、「ご本尊から発する不思議な光を感得し、天皇は歓喜した」とありますから、ご本尊は歓喜光佛（阿弥陀如来）であったと考えられています。そのことで「喜ばしい光の寺」と言われ、寺名を「喜光寺」に改めることになったとも言われています。

行基さんは天平21年（749）2月2日、菅原寺の東南院に於いて入寂されました。82歳でした。行基さんのご遺体は7日後、弟子達はご遺言に従ってご遺体を輿に乗せて生駒山の山麓（現・生駒市輿山）で火葬にし、ご遺骨を母の墓所（現・生駒市竹林寺）のほとりに埋葬されました。

喜光寺の前身 菅原寺

喜光寺は創建当初、先述の通り、菅原寺と呼ばれていました。養老5年（721）の時、寺史乙丸《てらのふひとおとまろ》が居宅を行基さんに寄進しました（『行基年譜』）。それを改造し、養老6年（722）に地名をとって菅原寺と命名とありますが、ご本尊は阿弥陀佛だと思われるものの、はっきりとしていません。平城京に於ける行基集団の活動拠点として重要な寺となりました。寄進を受けた菅原寺の寺地は、平城京の右京三条三坊、寺地の広さは5坪（9・10・14・15・16）とあります。平城京地割の1坪は、現在に換算すると1坪133m×133mで約5350・5坪に当たるということですから、5坪の広さは、約26752・5坪という広大な大きさになります。

行基さんが建立された寺院の中でも平城京にあった唯一の寺で、広大な伽藍を有する重要な寺院でした。ところが、平城京遷都から1300年の星霜において悲喜交々有りました。寺地も現在は、約1800坪で、往時の境内の15分1ほどになりました。大阪と奈良を結ぶ第二阪奈道路が旧境内の中央を東西に通り、旧境内は南北に分けられています。何といっても、明治の廃佛毀釈や戦後の農地解放などで受けた打撃は大きく、寺の宝物は明治の時に散逸し、喜光寺の行基菩薩坐像も西大寺へ移され、他の宝物も色々な所に散

喜光寺境内　遠景

失され、わからなくなっています。

現在の本堂（国重要文化財）は明応8年（1499）に焼失したのち、室町時代末期に再建されました。薬師寺の東塔や金堂と同じく、裳階を付けた建築技法で、奈良時代の復古建築の一例です。行基さんが東大寺大佛殿に先立ち建立されたという伝承から、「試みの大佛殿」として知られています。

創建当初のご本尊に関しては史料がなく、明らかになっていません。現在のご本尊は平安時代末期に造像された阿弥陀如来坐像（国重要文化財）です。阿弥陀如来に関しては、伊東史朗先生

本堂外観

（現・和歌山県立博物館館長）が興味深い見解を示しておられましたので、今回のため、特別にご寄稿いただきました。

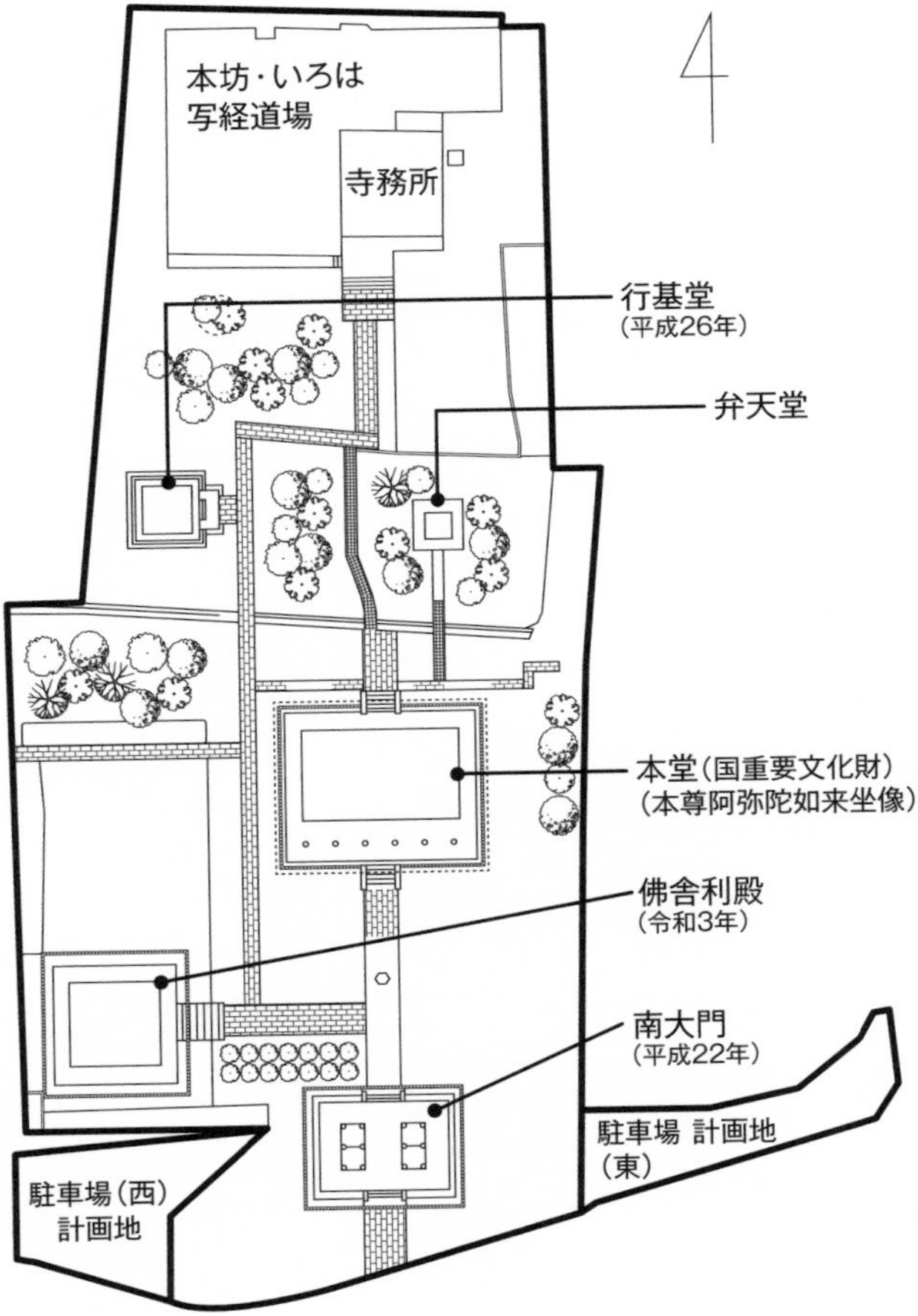

喜光寺　境内図（令和３年現在）

コラム

「奈良の平安佛、喜光寺の阿弥陀如来坐像」

和歌山県立博物館長　伊東史朗

当寺の別号「菅原寺」は、土師連《はじのむらじ》の子孫がその姓を「菅原」に改めて住んだ土地にちなむ名であるが、「喜光寺」という号のいわれは何だろうか。『清涼山歓喜光律寺略縁記（起）』という当寺の縁起に、聖武天皇行幸の際、阿弥陀如来が大光明を放つ奇瑞があったので寺号を「歓喜光寺」に改めたとある。「喜光寺」は「歓喜光寺」から来ているという。阿弥陀が大光明を放つという話は、実は経典にもとづくもので、『佛説無量寿経』に阿弥陀の放つ十二種の光明を十二光《じゅうにこう》佛《ぶつ》というと説き、その第七を「歓喜光」としている。

喜光寺の号の由来と本尊が阿弥陀如来である根拠は、この『佛説無量寿経』の「歓喜光」にあると見られる。

最初から硬い話になったが、浄土教の教主阿弥陀がなぜ奈良の喜光寺にという疑問がかねてからあったからである。

そしてもうひとつは、本尊の阿弥陀如来坐像は、奈良にありながら押しも押されもしない京都風スタイルなのはなぜという疑問である。京都の法金剛院にある阿弥陀像は、大治5年（1130）、佛師院覚《いんかく》の作になる一流の都佛《みやこぶつ》であるが、喜光寺像に驚くほどよく似ている。顎の張る顔つき、肩の張る体つき、あるいは線を引いたようによく伸びる両目、その割に小さくまとまった唇などは共通し、さらに大衣に刻まれた襞《ひだ》はその配置や数まで同じである。大きさはともに周丈六《しゅうじょうろく》である。規範に忠実であることが求められたこの時代にあってさえ、ここまでの類似はほかの比ではない。

京都の一流佛師の作とこれほど似ているのはなぜか、またそれがなぜ奈良にという疑問をもったまままもう数十年になる。どう考えたらよいか、ここで見通しを述べてみたい。

京都の佛師が奈良の佛像を模し、あるいは修理や復興に携わった例がいくつかある。美佛として名高かった大安寺の本尊釈迦如来像は、平安時代中期に佛師康尚《こうじょう》が模して京都の河原院の本尊とし、その子定朝《じょうちょう》もまたそれを模し薬師寺東院八角堂の本尊としている。修理・復興の例では、平安時代後期に４度の火災に遭った興福寺の再興にかかわったのが佛師定朝とその系統の佛師たちであった。

そのような佛像は、天平彫刻らしい整美さを倣いながらなお平安彫刻の優雅さもあったものと推定される。ところが喜光寺像には天平風はなく、全面的に京都風なのである。その差の生じるもとが何かというと、古佛の修理や復興という条件の有無である。修理や復興ではもとどおりに戻すのが目標になるが、喜光寺像では、院覚の系統の京都佛師が自由に造立したのではないか。

奈良にありながら京都風の佛像はほかにもあるが、いずれもこれと同じように、条件のつけられないもとでなされたのだろう。

このほど修理のなった阿弥陀如来像をそう捉えれば、奈良の平安佛という観点から新たに再評価できるのではあるまいか。またそのことが、行基菩薩による喜光寺開基１３００年の慶事に花を添えることになれば幸いである。

喜光寺　阿弥陀如来坐像

法金剛院　阿弥陀如来坐像

【行基年表と喜光寺】

〈飛鳥・奈良時代〉

天智7年（668）　行基菩薩、和泉国大鳥郡蜂田郷家原村（現・堺市西区）で誕生する。（『行基菩薩伝』）父は高志才智、母は蜂田古爾比売（『大僧上舎利瓶記』）

天武11年（682）　行基菩薩、15歳で出家。（『行基菩薩伝』）

持統5年（691）　行基菩薩、受戒し比丘となる。戒師は高宮寺の徳光。（『行基菩薩伝』）

養老元年（717）　元正天皇、行基菩薩と弟子等の民間布教を糾弾する。（『続日本紀』）

養老5年（721）　5月3日、行基菩薩、平城右京三条三坊十五坪（現・本堂の位置）の私宅・土地を寺史乙丸《てらのふひとおとまろ》から寄進される。（『行基年譜』『行基菩薩伝』）

養老6年（722）　2月10日、行基菩薩、菅原寺（喜光寺）を起こし、平城京内の拠点とする。行基菩薩の私寺として建立。（『行基年譜』）7月、太政官が民間布教僧を糾弾。（『続日本紀』）行基菩薩は和泉国に退去。

神亀元年（724）　2月、聖武天皇即位。

天平3年（731）　8月、聖武天皇、行基菩薩の弟子の一部に出家を許す。（『続日本紀』）

天平８年（７３６）　唐よりインド僧菩提僊那が来朝し、菅原寺で行基菩薩の饗応を受ける。（伏見翁の故事・『東大寺要録』『本朝神仙伝』他）

天平13年（７４１）　２月、聖武天皇、薬師寺で国分寺建立の詔（『続日本紀』『延暦僧録』他）

行基菩薩、従前の事業をまとめた報告書（「天平十三年記」）を朝廷に提出。（『行基年譜』）

天平15年（７４３）　10月、聖武天皇、大佛造立の詔を出し、行基菩薩は協力して勧進を始める。（『続日本紀』）

天平17年（７４５）　１月、行基菩薩を大僧正に任命。（『続日本紀』）

天平20年（７４８）　11月26日、聖武天皇が菅原寺に行幸され、１００人の得度を許す。佛顔から光が放たれたことから聖武天皇より「喜光寺」の寺名を賜る。（『行基菩薩伝』『清涼山歓喜光律寺東南院略縁起』）

天平21年（７４９）　１月14日、行基菩薩、平城宮中島宮にて聖武天皇、光明子、藤原宮子に菩薩戒を授ける。（『扶桑略記』他）

２月２日夜、行基菩薩、喜光寺東南院で入寂。行年８２歳。

８日、弟子等、遺命にしたがい行基菩薩の遺骸を生駒山東陵で荼毘に付し、埋葬する。（『大僧上舎利瓶記』）

天平勝宝４年（７５２）　４月９日、東大寺にて大佛開眼会が行われ、行基菩薩の高弟景静が都講を勤める。（『東大寺要録』）

天平宝字2年（758）
8月17日、少僧都慈訓の命より、千手千眼悔過に転読する千手経50巻を菅原寺（喜光寺）に施入。（『造東大寺司牒』）

〈平安時代〉

天応元年（781）
6月25日、土師宿禰古人、桓武天皇に上表し、平城京菅原に住する由来より「菅原」に賜姓改名する。（『続日本紀』）

仁和2年（886）
菅原道真、42歳の時、十一面観世音菩薩の像を自刻し、喜光寺に奉安し、鎮守天満宮の本地佛として祀る。（『南都菅原天満宮略由』）

〈鎌倉時代〉

嘉禎元年（1235）
8月、生駒山中の行基墓（現・竹林寺）を開掘し、舎利瓶等を発見される。（『行基菩薩御遺骨出現記』）

建治元年（1275）
10月、藤原氏の有徳丸が、興福寺一乗院門跡信昭に喜光寺を含む菅原荘の領地を寄進。
その後、一乗院門跡信昭は西大寺叡尊上人に荘園を移管する。叡尊上人は高弟である覚証房性海を喜光寺に住まわせ復興させる。（細川涼一『中世の律宗寺院と民衆』）
これより以後、喜光寺は興福寺一乗院の墓寺、祈願所となる。

弘安6年（1282）
2月8日、叡尊上人、菅原寺（喜光寺）にて大般若転読を行い、結願にあたって法語を垂れる。（『叡尊感身学正記』）

〈室町時代〉

明応8年（1499）　12月、細川家の澤蔵軒宗益と筒井順賢の合戦により、喜光寺金堂などが焼失。

天文13年（1544）　4月20日、金堂（現・本堂）の作事はじまる。（「本堂墨書銘文」）

元亀年間（1570～1593）　喜光寺、兵火にあい、宝塔、楼門、経蔵、鐘楼など焼失するも、金堂（現・本堂）は罹災をまぬがれる。（『清涼山歓喜光律寺東南院略縁起』）

〈江戸時代〉

慶長7年（1602）　8月6日、徳川家康より、三十石の寺領を安堵される。（「権現様御朱印写」）

元和年中（1615～1624）　覚洞和尚、天川弁才天に参籠し、佛舎利を感得し、喜光寺に安置する。（『清涼山歓喜光律寺東南院略縁起』）この頃、覚洞和尚を中心として客殿などの造営を行う。

元禄7年（1694）　夏、鎮守天満宮（現・菅原天満宮）、火災により焼失。（『清涼山歓喜光律寺東南院略縁起』）

享保9年（1724）　春、貫光戒月和尚、唐招提寺での講演の合間に喜光寺を訪れ、その荒廃をみて悲しみ復興を発願。（『清涼山歓喜光律寺東南院略縁起』）

享保12年（1727）　春、貫光戒月和尚、工人を集めて金堂（現・本堂）の修理にとりかかる。（『清涼山歓喜光律寺東南院略縁起』）

享保16年（1731）
12月、貫光戒月和尚、示寂。（『清涼山歓喜光律寺東南院略縁起』）その後の作事は、弟子で実甥の春旭寂照が引き継ぐ。

延享3年（1746）
3月27日、金堂（現・本堂）、阿弥陀三尊、四天王像の修復がおわり、開眼法要を行う。（『金堂修復入用帳』）
春、鎮守天満宮本殿の扁額を新造。「天満宮」は一乗院尊賞法親王染筆。（『清涼山歓喜光律寺東南院略縁起』）

寛延3年（1750）
10月、一乗院尊賞法親王遷化。喜光寺一乗院墓地に全身を葬る。（『清涼山歓喜光律寺東南院略縁起』他）これより尊映法親王・尊誠法親王・尊常法親王が喜光寺一乗院墓地に埋葬される。

文政3年（1820）
8月19日、鎮守天満宮本殿を復興する。（『清涼山歓喜光律寺東南院略縁起』『金堂修復入用帳』）
喜光寺の法厳大潮和尚、天満宮修理のための「勧縁ノ疏」を開版。（薬師寺蔵「勧縁ノ疏」）

〈明治～昭和〉

明治元年（1868）
春、住職尊成（菅田伊織英直）が復飾して神祇官になり、喜光寺の佛具等の売却を行う。（明治3年ごろまで続く）（『近代の西大寺と真言律宗―宗派の独立とその後―』）

明治2年（1869）
喜光寺、廃寺の願いが出されるも、近隣寺院（西大寺・西蓮寺など）と村民から廃寺中止の嘆願が出される。（『近代の西大寺と真言律宗―

	宗派の独立とその後―』）
明治3年（1870）	11月、喜光寺を寺院として存続することを認める通達が出される。（『近代の西大寺と真言律宗―宗派の独立とその後―』） 以後、管理は近隣寺院と村民が「金堂監守」として管理。（明治21年『喜光寺略縁起』他）
明治27年（1894）	6月13日、奈良県より喜光寺を薬師寺慈恩院に付属することの許可が下りる。（『菅原喜光寺略縁起』）
明治34年（1901）	3月27日、喜光寺本堂、国指定重要文化財（旧国宝）に指定。
大正10年（1921）	8月8日、本尊阿弥陀如来坐像、国指定重要文化財（旧国宝）に指定。
大正10年・11年（1921・22）	會津八一が喜光寺を訪れ「ひとりきて　かなしむてらの　しろかべに　汽車のひびきの　ゆきかへりつつ」と詠む。
大正15年（1926）	3月、本尊阿弥陀如来坐像の修理が完了。（喜光寺史料）
昭和8年（1933）	9月、喜光寺本堂の解体修理が完了。（喜光寺史料）
昭和31年（1956）	12月2日、この年、開基行基菩薩御遠忌・歴代御門跡主報恩忌を執行。（喜光寺史料）
〈平成以後〉	
平成2年（1990）	9月、前住職（松久保了胤師）遷化により、新たに山田法胤（当時・薬師寺執事）が住職に就任。

平成4年（1992）	4月、山田住職「いろは写経」による復興を発願する。
平成7年（1995）	1月17日、阪神淡路大震災が発生。 2月2日、旧・写経道場が落慶。写経道場本尊として印度から釈迦如来成道像（現・道場本尊）を将来する。 7月12日、喜光寺の奉仕会として浄光会が発足する。会長は田中金子女史。
平成8年（1996）	7月29日、印度前正覚山の石で造顕した佛足石（現・青垣霊園〔喜光寺有縁之合祀墓安置〕）を境内に安置し開眼。
平成10年（1998）	7月29日、境内に石川郎女の万葉歌碑を建立。歌碑の染筆は山田得治氏。 11月6・7日、東大寺にて行基菩薩ゆかりの寺院が集まり、行基菩薩1250年大遠忌を厳修。僧侶約300名が出仕し、大佛殿に行基像を安置して法要。
平成11年（1999）	11月14日、喜光寺に行基菩薩像（現・行基堂安置）を奉安。竹林寺・狭山池博物館などのお身代わり像の内の一躯。
平成14年（2002）	7月20日、境内に、平田恵穂《けいすい》氏「大和路は　佛の里よ　蓮浄土」の句碑を建立。（現・お写経道場前庭）
平成18年（2006）	12月2日、西田昌弘師の持佛であった薬師如来・多宝塔を写経道場に奉安。

平成20年（2008）　4月、南大門復興にむけて、南大門跡の発掘調査。喜光寺の瓦を焼いたと思われる達磨窯が出土。
7月6日、南大門　起工式
7月20日、南大門　上棟式
平成21年（2009）　9月17日、本坊（現・写経道場）地鎮祭
12月14日　本坊（現・写経道場）上棟式
平成22年（2010）　4月30日、本坊（写経道場）完成。道場壁面に夏見廃寺傳佛を模した千佛（三尊佛・独尊佛）を安置。開眼を行う。
5月1・2日、南大門　落慶法要（平城遷都1300年）仁王像（中村晋也氏製作）を開眼。
10月31日、「喜光寺に會津八一の歌碑を建てる会」が境内に會津八一氏の歌碑を建立（中田紀子女史・會津八一の会の協力）
平成25年（2013）　3月2日、本堂に雲中供養菩薩（親佛会 主宰 榎本宣道氏製作）を安置し、開眼法要を行う（第一期）
7月22日、行基堂　地鎮祭
11月2日、行基堂　上棟式
平成26年（2014）　6月1・2日、行基堂落慶。堂内に千躰地蔵（親佛会 並びに西崎乗俊師製作）を安置し、開眼を行う。
平成30年（2018）　行基菩薩生誕1350年

令和元年（2019）

3月2日　本堂に雲中供養菩薩を安置し、開眼法要を行う（第二期）

山田住職、佛舎利殿の建立を発願。

5月2日、喜光寺旧蔵四天王像（奈良大学所蔵）が里帰りされ、「さとがえり法要」を厳修。9月まで本堂にて公開。

9月26日、本尊阿弥陀如来坐像、保存修理のため遷座。

11月10日、佛舎利殿　地鎮祭

12月12日、喜光寺奉賛会（菊池攻氏会長）が発足。

令和2年（2020）

6月2日、本尊阿弥陀如来坐像本体の修理が終わり、ご帰還。開眼法要を行う。台座と後背は引き続き修理が行われる（令和7年完了予定）。

喜光寺　創建1300年を記念し、佛舎利殿を建立。堂内壁面に千佛（阿弥陀三尊）を安置。

令和3年（2021）

3月2日、佛舎利殿の本尊　釈迦如来初転法輪坐像の開眼供養法要を行う。新型コロナウイルス感染症対策の為、落慶法要は延期。

第1章　行基さんと喜光寺

喜光寺創建1300年　令和3年佛舎利殿建立

【喜光寺のあゆみ】

～山田法胤住職就任後～

薬師寺に入寺、荒廃した寺を任される

私は昭和15年（1940）生まれですので、戦後の貧しい時に育ちました。その上、私の家は大変貧乏でした。昭和22年（1947）、私が小学校1年生の時に父を亡くしました。母は7人の子供を抱えて途方にくれた生活をしていました。ところが、当時を思い出すと家が貧乏で苦しかったけれど、楽しかったような気がするのです。とにかく一生懸命に生きている感じがしました。

私が小僧時代の薬師寺はずいぶん貧乏でしたので、お供え物に羊羹やお菓子をいただくとすぐ食べたりしないで、お正月まで保存しました。そしてお正月にお客様へ出すことにしていました。3ヶ月も4ヶ月も保存している羊羹はまわりに砂糖が固まって、少しカビの生えたものもありましたが、そういう生活

でも惨めには思いませんでした。小僧時代はそんな日々を送ってきました。

私の母は、薬師寺の小僧として私が入寺する時、ある言葉を教えてくれました。「他人の苦労は買うてでもしなさい。『上見れば、あれほしこれほし、星だらけ、下見て暮らせ下に星なし』やから下を見て働きなさい」

『法句経』には「他人の邪《よこしま》を見るなかれ。彼が何をなし、何をなさざるかを言うなかれ。我が何をなし、何をなさざるかを思うべし」とあります。「辛抱こそ人生の宝なり」と思い、感謝の心や有り難うという心を大切にしたいものです。

明治27年（１８９４）、喜光寺は薬師寺の末寺になりました。後に薬師寺の松久保了胤師が住職をされていましたが、檀家もなく、観光寺院でもないため、喜光寺を運営するのが精一杯でした。松久保住職は、昭和63年（１９８８）９月17日に61歳で遷化《せんげ》され、後任として当時は薬師寺の執事であった私、山田法胤が住職に就任しました。

『喜光寺だより』を発刊

住職に就任して初めにお詣りをした時、本堂の阿弥陀三尊さまに向かって「ご本尊さま、私はこの寺の住職として何をしたらよいのでしょうか」と何度も何度もお伺いをしたのですが、阿弥陀如来さまは一向に口をきいてくれませんでした。

私は、仕方なく荒廃した草茫々《くさぼうぼう》の境内に立ち、足元の草引きから始めました。けれども人間一人の力は境内一円に蔓《はびこ》る雑草に勝つことは出来ませんでした。そんな時、奈良航空自衛隊幹部候補生学校の石津校長先生とご縁ができ、そのことをお話しすると、校長先生は「うちの生徒に清掃を呼びかけてみよう」と言い、クリーン作戦と命名。毎回50人ほどの奉仕の生徒を募集してくれました。お陰様で有志が清掃にきて下さるようになりました。

私は清掃のあと、お礼に東大寺大佛建立の意義や日本の歴史・奈良の都や国造りの精神について法話をするようになりました。そして、行基さんは一体この喜光寺をどのような目的をもってご創建されたのかを考え、その行基さんの意志にそって喜光寺を発展させようと思うようになったのです。

喜光寺は明治から昭和にかけて廃佛毀釈・神佛分離・戦後の農地解放という社会状況の中で住職不在という時期があり、寺への入り口もなくなる程の始末、更には、庫裏《くり》の屋根はボロボロで雨漏りがひどく、天井は染みだらけ、壁は剥がれ落ち、畳や床は朽ちて、２、３人乗れば落ちるという状態で、人に来ていただくことも出来ませんでした。

クリーン作戦でご奉仕して下さった
奈良航空自衛隊の皆さんとともに

まずは境内の整備と庫裏《くり》の修理をし、お詣りのお客様の接遇をと考えたのです。ところが、この寺は檀家もなく信者もなく、お詣りに来て下さる人もいないという無収入の寺でした。そこで、私とのご縁のある方々に声を掛け、その知り合いの方にまた、声を掛けていただくということを繰り返し、少しずつお詣りの人が増えるようになりました。

ご縁日と「いろは写経」

行基さんは、天平21年（749）2月2日82才の時、喜光寺で入滅された奈良時代の高僧です。そこで年1回の大祭は行基会として毎年3月2日に定め、毎月のご縁日は、ご命日の2日と定め、法要・法話・写経会等を行事の中心として考えました。お写経は薬師寺の高田好胤管長にご相談したら、『般若心経』以外のもので考えたらどうか、と言われたので、「ひらがな写経」を考えていますと申し上げると、管長もそれはいいと言われました。私は「いろは歌」

が『涅槃経』の一部を今様にしたものであることを思い出し、これはよいお写経ができると思いました。今の「いろは写経」のお手本は、書家の秋満紫光先生にお書きしていただき完成したのです。

その願文には、喜光寺境内を復興し、行基さんの社会福祉等の遺徳顕彰を目的とし、教化活動の寺にしたいと書き添えました。この構想がまとまり、第1回の開催が平成4年（1992）3月2日となりました。その最初のお写経会にお詣り下さった方々は、30余名だったと思いますが、その時の喜びは今も忘れることが出来ません。その後、東京に「行基さんの会」が出来ました。続いて、名古屋・岡崎にも「行基さんの会」が結成され今日に至ります。

現在、「いろは写経」の勧進が30万巻を越えて進捗しています（令和3年2月現在）。平成7年（1995）2月2日には、薬師寺より高田管長・松久保副住職・安田執事長等（当時）をお迎えし、「いろは写経道場」の完成落慶法要を厳修いたしました。写経道場のご本尊はインドより将来した「成道の釈迦座像」をお迎えしました。これらすべて皆様のおかげと感謝しています。

平成7年（1995）いろは写経道場落慶法要

いろはにほへと
ちりぬるを
わがよたれそ
つねならむ
うゐのおくやま
けふこえて
あさきゆめみし
ゑひもせす

「いろはにほへと」は諸行無常のこと

蓮の花と喜光寺

最近の喜光寺は夏の風物として、蓮の寺と言われるようになりました。しかし、蓮の寺と言われるまでには、大変な苦労と無駄足を踏みました。

喜光寺は、私が住職に就任するまでは、コスモスを境内に育てていました。秋になると、訪ねる人がコスモスの寺と呼んでいました。だから私もコスモスを咲かせたいと思い、毎年夏には、コスモスを増やそうと努力したのですが、風が強く、やせた境内地には不向きでした。コスモスよりも、菅原の地は菅原道真卿の誕生地であり、道真卿の歌「東風《こち》吹かば にほひおこせよ 梅の花 あるじなしとて春な忘れそ」で梅がよく知られています。そこで、隣の菅原天満宮と合同で盆梅展をやろうということになり、盆梅を楽しんでいる趣味者の協力を得たり、庭園を営んでいる人から借り集めて、１月下旬から3月ごろまで盆梅展を始めました。奈良市観光協会も応援して下さいましたが、すぐ郡山城公園なども盆梅展をやり始め、市主催で大々的に催す郡山に人気が出て、思うようにいきませんでした。おまけに喜光寺の梅が梅ウィルスにかかり、全ての梅を撤去するようにと県の指導があり駄目になりました。

そんな時、東大寺の北河原公敬師の塔頭《たっちゅう》を訪ねました。お庭に蓮の花が鉢植えされ、それが美しく咲いていたのです。蓮の花を間近で拝見し、その美しさに感動しました。すると、北河原師から、もし育てる気があるなら根分けしてあげると言われ、12月ごろに根を取りに行ったところ、快く分けて下さり、育て方もご教授下さいました。

早速私の塔頭で信楽焼の蓮鉢を求め、始めたところ翌年に浮き葉が出て、次に土筆のような形の蕾が芽を出したのです。嬉しくて、毎朝6時頃に蓮鉢を覗き込み成長を見守りました。日に日に水面から伸びて、蕾が大きくなるのです。咲いた時の感動は、それはもう忘れることができませんでした。

何年かして、10鉢程に鉢を増やしたとき、これを喜光寺の境内に広めようと考え、信楽焼の蓮鉢を買い増し育てることにしました。鉢は意外と高価なもので、沢山増やすのは大変でした。お茶人さんや、趣味の方々が協力して下さり、蓮を愛し育てている農家の内田氏を紹介していただきました。

内田氏は、宇治の方で巨椋の池を干拓した時、蓮の根子を集め保存され、何10種類もの蓮を育てておられました。その蓮を根分けして下さるということになり、その後、喜光寺は蓮の寺といわれる程の寺になりました。

現在では、２５０鉢程になっています。奈良で、蓮の花で有名な寺は、鑑真和上が中国から持ち込まれたという蓮を育てておられる唐招提寺でした。その唐招提寺と喜光寺で蓮の寺と言われるようになり、薬師寺も蓮を育て、最近は、西大寺も境内に蓮を育てるようになりました。奈良市観光協会は、西ノ京で蓮を育てる寺院を点ではなく、面で観光ルートにしようということで、「ロータスロード」と命名。共通拝観券を持って４ヶ寺の蓮の寺めぐりができるようなイベントを企画しました。そこに集印（御朱印を集めて回る）ブームも加わって、現在では毎夏の「ロータスロード」が人気となりつつあります。

１つの事が世間に認められたり知られるまでには、大変な努力がないと、観光としてお詣りの方が来て下さる寺にはなりません。それなりの苦労があります。奈良には、あじさいの矢田寺、コスモスの般若寺、バラの霊山寺、ボタンの長谷寺、シャクナゲの室生寺、その他椿の寺など花の寺が今も人気となっています。喜光寺も、天平の僧、行基さんと蓮の寺と言われる寺にするため、一層の努力をしていきたいと思います。

阿吽の人生

喜光寺では450年ぶりに南大門と仁王像を甦らせ、平成22年（2010）5月1日、2日にわたり落慶法要を執り行いました。

この南大門は楼門という2階建ての様式です。皆様に「いろは写経」勧進の結縁やご浄財をいただき、奉賛会の呼びかけにより各企業からのご寄進のおかげさまで復興が叶いました。皆様の「いろは写経」を納める棚は南大門の2階に納経し、お祀りをしております。うれしく有り難い限

蓮と本堂

りです。

復興した南大門には左右に仁王像を配しています。仁王さまといえば、東大寺の南大門に祀る仁王さまがおられます。鎌倉時代を代表する佛師運慶・快慶らの作で、高さが8メートルを超える最大の仁王さまです。日本最古の仁王さまは、和銅4年（711）に造立された法隆寺の中門に祀られている仁王さまで、高さは3・7mを超えます。

喜光寺の南大門復興に伴い安置された仁王像は、木彫や塑像ではなく、銅像（ブロンズ像）の仁王さまで、高さは約3・2メートルの大作です。この仁王さまは、現在の彫刻家として有名であり、文化勲章を受章された中村晋也先生の作で、ブロンズという素材も珍しく、大迫力の素晴らしい傑作です。

仁王さまは寺の正面入口に安置され、寺の内外を守護する大切な意味があります。又、阿吽という発音には、初めと終わりという人生観があり、物事のすべては阿で始まり吽で終わるということから、参拝者の身と心を守って下さるという信仰があります。

東西に金剛杵を持った二力士を配することにより「二金剛力士」を「仁王像」と表現しますが、仁王像の本来の意とするところは、「阿吽」の2字の音声が根本で、一切の文字の音声が「阿」に始まり、「吽」に帰することから、一切の言語はこの2字に尽きるということになります。

この阿吽の形を人生に例えると、「阿形」は蓄えた力を発揮する力となり、「吽形」は、くじけそうになった自分に負けるなと耐え忍ぶ姿になります。

東側の阿形像

西側の吽形像

インドの悉曇学《しったん》によると「阿吽」は古来、呼吸法であり宇宙の根本原理と考え、ヨガや坐禅の修行法となっています。

寺では法を守る仁王像、人生では自分の心に負けない忍耐と発心を起こす姿でもあります。平成の大傑作の仁王さまは、「いろは写経」をして下さる方々、そして建築用材のご寄進をして下さった結縁者の皆さまの健康をお守り下さることでしょう。こうして南大門と仁王像が完成したことは、皆様のご信仰のおかげと感謝しております。

南大門

行基菩薩入寂の寺

喜光寺は、奈良時代の都の中心に位置し、行基菩薩が長く住してご活躍され、入寂された寺です。私は、この寺の住職として、行基菩薩のご遺徳を顕彰

小屋組（大梁取付）

地垂木取付

上層斗供組4段目

金剛組による工事の様子

する役目があると考えました。

そこで、入寂1250年遠忌に当たる平成10年（1998）に東大寺の大佛さまのご宝前に行基像をご奉安して、全国に在る行基菩薩ゆかりの寺院に呼びかけて、行基菩薩1250年のご遠忌法要をする実行委員会を結成することにしました。その委員長は、霊山寺の管長、東山光師住職（当時）にお願いし、奈良・大阪・滋賀・京都で行基菩薩ゆかりの寺院の有志に実行委員をお願いし、私が事務局長をさせていただき、実行委員会を設立しました。会場は、東大寺さまにご協力をお願いし、ご承諾いただきました。全国に1400ケ寺ほどある行基菩薩ゆかりの寺院に、行基遺徳顕彰の趣意を手紙にして、次に行基菩薩の「本」を制作し、その本に1400ケ寺の住所、寺名、住職名の名簿を載せることにしました。「本」の編集長を、大阪大学名誉教授の井上薫先生（当時）にお願いし、『「行基菩薩」1250年御遠忌記念誌』としました。ゆかりの寺院は行基菩薩創建の寺であったり、ご本尊を造像されたのが行基菩薩であったり、ご本尊の開眼をされた寺というもので、様々なご縁の成り立ちがあります。

ところが今日まで、行基菩薩を縁とした寺院が1400ケ寺もあるのに、横の繋がりも縦のかかわりもなく、合同で法要をするということもなく、今日に至っています。そこで、実行委員会として制作いただだいた本を、名簿でわかる限りの寺院に送ろうということで、1000ケ寺余りの寺院に「行基菩薩」の本を配布しました。実行委員会としては、このご遠忌法要に300ケ寺ぐらいの寺院が参加下さり、500人程の僧侶で行基菩薩1250年遠忌法要をと考えていたところ、参加いただだいた寺院は100ヶ寺に留まるも、300人程の僧侶の参加を得ることになりました。平成10年（1998）11月7日に、東大寺大佛さまのご宝前に行基菩薩をお祀りし、大法要を厳修することが出来ました。その事業を経て、実行委員会は解散となりました。

その後も行基菩薩ゆかりの寺院は、残念ながら横の繋がりもなく今日に至っております。私は、自分の足で行基菩薩ご縁の寺院を少しでも巡拝したいと思っていました。そんな時、「歴史文化を訪ねる会」の渡邉茂氏が以前に寺で奉仕することがあればお役に立ちたいと申し出て下さいました。そこで渡邊氏に、１泊２日、時には２泊３日で、バス１台、参加者が多くなればバス２台でもいいので、行基さんゆかりの寺院巡礼の旅を年に5回くらいで計画することをお願いしました。渡邊氏は、お仲間の川口晧生氏、津田茂光氏、写真のお世話をする森川彦一氏を誘い、４人で旅行の計画を立て、お世話をして下さることになりました。渡邊氏は、名所、古跡、特に奈良、京都などの古寺巡拝する趣味と仕事を兼ねたような会を作っておられ、西ノ京の薬師寺、唐招提寺見学の時は、私がお世話をしていたこともあり、定年後の奉仕としては素地が十分にありました。第１回目は平成14年（２００２）２月11日、12日と計画を立て、最初に22名でこの会が発足して、最後は平成28年（２０１６）９月25日に秋田県に巡礼して、最終回とした次第です。

（※行基菩薩ゆかりの霊場巡礼の旅についてはコラム69ページにも書いています）

行基菩薩坐像と行基堂

喜光寺は前にも書いた如く、行基さんの寺そのものと言っても過言ではない寺ですが、前述の通り行基像は在ったものの明治の時に西大寺に移り、他の宝物も佛像も全くなくなった寺でした。ご本尊と本堂があるのみで、他に佛像は、石佛の地蔵さん、弁天堂の宇賀神さんとご先祖のお位牌ばかりでした。行基さんに深い縁のある寺ですから、お祖師さまの行基さんがおられたらと思っていましたら、唐招提寺が行基菩薩入寂1250年の時、末寺の竹林寺に行基像を祀るとして、唐招提寺所蔵の重要文化財の行基像数躰をレプリカとしてお造りになりました。1躰は竹林寺、1躰は行基さんの故郷、狭山池博物館、他はご縁の有る処へということでした。喜光寺は縁が深いので、喜光寺に1躰をいただけることになり、お祀りすることが出来ました。ところが、お堂はないし、お祀りする台座もないので、仮安置として本堂の阿弥陀如来さまの脇にお祀りしました。このままではなく、やはり行基さまをお迎えしたのだから行基堂をお建てせねばと思いました。何年も本堂の隅に仮安置では申し訳ない限りでした。喜光寺は、平城京遷都１３００年の年に南大門を復興した時、勧進していた「いろは写経」をそのまま続けて、「境内整備と行基菩薩の遺徳顕彰」ということで勧進を続けていました。千躰地蔵さまを先祖供養や水子供養としてお祀りすることがあるというので、祖師堂には、千躰地蔵さまを行基堂建立復興の勧進としていました。すると、彫刻家の榎本宣道先生が、私の弟子

行基堂

たちに千躰地蔵をお造りさせますと申し出て下さり、457躰ご奉納いただきました。「いろは写経」勧進の浄財と千躰地蔵供養の浄財で、行基堂建立の目処が立ち、方形造のお堂が祖師堂として立派に建立出来ました。そして、平成26年（2014）6月1日・2日に落慶法要を厳修しました。これは偏《ひとえ》に行基さまのお徳を慕って信仰して下さる善男善女のおかげさまです。

行基堂に祀られる行基菩薩坐像

コラム

「行基さんゆかりの霊場を巡礼」

平成14年（2002）2月から平成28年（2016）9月までの間に366ヶ所、合計55回にわたり、行基さんゆかりの霊場を訪ねる巡礼の旅をしました。

奈良時代の寺院は宗派を選ばず、八宗兼学で学んでいました。国造りは第40代の天武天皇から始まっていましたが、全国規模で国造りが本格的に整えられたのが第45代の聖武天皇のときでした。国分寺の建立に関わっていたのが行基さんでしたので、全国に行基さんゆかりの寺院が多いのです。そして日本で初めて地図をつくったのが行基さんだと言われるのは、このように全国行脚をしていたからで、北は秋田、南は宮崎まで行っておられたと伝承されています。

後世になり、空海さん、最澄さん、法然さん、道元さんなどは宗派をつくりました。そういう方々は宗派の祖師であるために佛壇に祀られて信仰され、民間にも知られています。ところが行基さんは、奈良時代の徳の高いお坊さんであり、開祖のお寺はたくさんありますが、宗派のお祖師さんにはなっておられないのです。そのためか世間の人は知らない人が多く、巡った行基さんゆかりの寺院は宗派もバラバラでした。現地では何宗のお寺であっても関係なくお参りし、住職がおられれば住職の話を聴いて回っていくということを続けてきました。

行基さん創建の寺院のうち、特徴的な寺院を挙げるときりがないですが、例えば山梨県の甲

史跡　山城国分寺跡

大善寺　本尊　薬師如来像
(手に葡萄を乗せた秘佛の薬師如来像は
5年に1度のみ御開帳)

府にある大善寺には、葡萄《ぶどう》を持った「葡萄薬師」というお薬師さんが祀られてありました。ここでは日本で初めて葡萄の種を植えたのは行基さんだと伝えます（第22回山梨県）。

巡礼では、温泉地を巡るときは人気がありました。九州では雲仙普賢岳（長崎県）などにも行きました。ここも行基さんゆかりの温泉があるんです。関西なら有馬温泉（兵庫県）、北陸なら山中温泉や山代温泉（ともに石川県）、関東なら草津温泉（群馬県）もそうです。たくさん温泉を開いていらっしゃるんです。伊豆なら吉奈温泉（静岡県）というところもそうです。現地に行くと、行基さんが彫ったと伝えるお薬師さんや観音さんがおられたりもしました。

第2章　佛陀の人生観

私はインドへ10数回巡拝しております。そのつど、お釈迦さまの佛像のご縁をいただきました。お写経道場のご本尊は、お釈迦さまがお悟りを開かれた成道の地、ブッダガヤの佛さまで、佛舎利殿のご本尊も、お釈迦さまが初めてお説法をされた初転法輪《しょてんぽうりん》の地、サールナートの佛さまです。

この章では佛さまの生涯についてお話しします。

【お釈迦さまの生涯】

〔前編〕――入胎・受生・受楽・苦行――

まずは前半生を見ていきましょう。人々を教化する佛の種を持って生まれてきた釈尊が王子として育ち、出家して悟りに至る道をたどります。

「因の相から果の相へ」

お釈迦さまは人間から佛になられました。その一生の間には、８つの大きな出来事がありました。

薬師寺の境内には東西に塔があります。塔内には柱を中心として東南西北の４面があるので、２つの塔で８つの場面を表現できるわけです。『薬師寺縁起』によると、東西２基の塔、計８面に釈尊の生涯を表し、東側の塔にお釈迦さまの因《いん》の相《すがた》が4つ描いてあり、西の塔には果《か》の相が4つ描いてあるといいます。お釈迦さまになるための因があり、その因によって果が生まれてきたのです。

読者の皆様の中で、因の相から果の相になりつつある方もいらっしゃると思います。これから先、誰も面倒をみてくれる人はいな

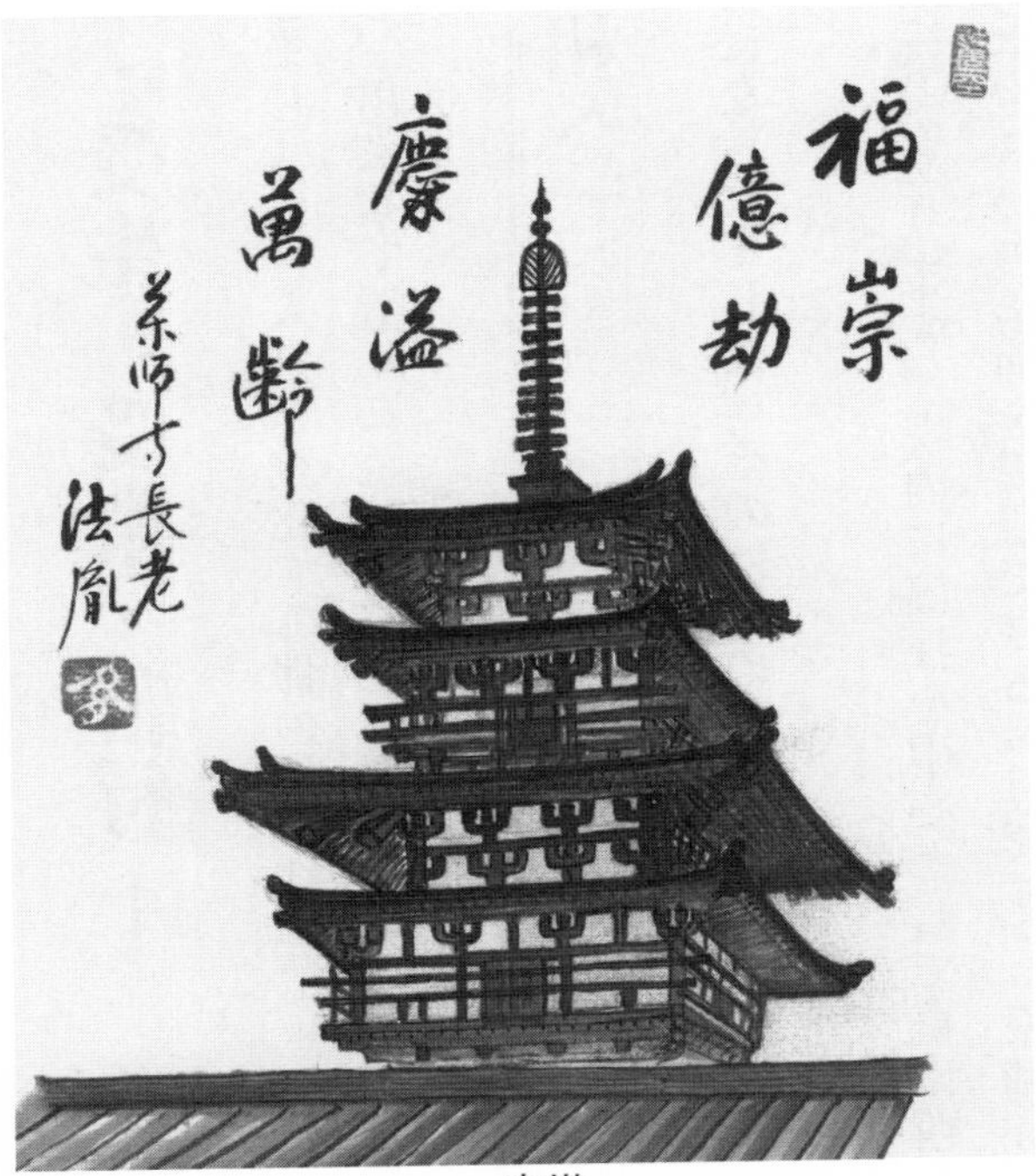

東塔

い。周りがだんだんいなくなって、独居生活で最後は１人で野垂れ死ぬのか。あるいはその結果から、孫や子供らが訪ねてきてくれて、楽しく生かせてもらっていますという人もいるでしょう。お金だけは貯め込んであって、ケチケチと生きている人もいるかもしれません。お金を持っていると幸せになるように思われていますが、お金を持っていても不幸そうな人が世の中にはいっぱいいるのです。持っていない不幸より、持っている不幸というのもあるようです。「持つ人の心によりて宝とも仇《あだ》ともなるは黄金《こがね》なりけり」（昭憲皇太后〔明治天皇の皇后〕）という歌もあります。

お金だけではありません。宝物になったり、間違ったものにもなり得るものに知恵があります。ノーベル賞をもらえるような科学の発明も、その知恵が世の中の人を助けるものにもなりますし、これが爆弾にもなるのです。

カー・ナビゲーションの技術はもともと戦争のピンポイント作戦のために開発されたといいます。それがいつしか自動車に取り付けて道案内をしてくれる道具に変わりました。そうすると、カーナビが戦争の武器ではなく、使う人の心でそれが武器となり、生活の役に立つようにもなる、つまり心の問題ということになりますね。ですから、お金が幸せを作っているように思えるけれども、それは一部であって、すべてではないというわけです。

「兜率天《とそつてん》からこの地球上へ」

お釈迦さまの始めの4つの因の相は、入胎《にったい》、受生《じゅしょう》、受楽《じゅらく》、苦行《くぎょう》です。東塔の東側から、1番最初に入胎、次にお釈迦さまが生を受ける受生。続いて楽を受ける受楽。そして最後が苦行で、お釈迦さまの若き35歳までのお姿が描かれています。

現在の塔の中は創建当時とは状況が違っていますが、当初は塔の真ん中の柱の周囲に、お釈迦さまの生涯がパノラマのように再現されていたのです。

「入胎」とは、お釈迦さまがお母さんの胎内に宿ることです。ここを経典で読むと、白い体で6本の牙を生やした象が、母（マーヤ夫人）の右脇からすっと入り込む夢を見たと書いてあります。これを夢告《むこく》といいます。歴史上でも、尊い方が夢のお告げで建立したお寺や神社がたくさんあります。弘法大師空海などにも夢のお告げによって行動したというエピソードがあります。夢というものは案外おろそかにしてはいけないのかもしれません。

この象が何を表すかというと、象が白いのは、お釈迦さまのＤＮＡが純白の尊いものであったからでしょう。６本の牙というのは、眼耳鼻舌身意《げんにびぜつしんい(に)》という私たちの６つの感覚器官を表します。そういう尊い感覚器官を持った清らかな魂がお母さんのお腹の中に入ったというのが、「入胎」なのです。

お釈迦さまが過去に生まれ変わり死に変わりして、いろいろな徳を積んでおられ、それが本生譚《ほんじょうたん》というお経になっています。あるときは鹿であったり、あるときは象になっていたり、あるときはお猿さん、あるときは王さまであったりしました。

あるとき、修行を志しているスメーダという少年がランマという町にいました。そこに燃灯佛《ねんとうぶつ》がお越しになるという尊いご縁をいただき、スメーダは感激します。ふと見ると、燃灯佛がお通りになる道に水溜まりがあり、そこに足を踏み入れようとしたのを見たスメーダは、水溜まりに頭の髪を投げ出して、私の供養をお受け下さいと水溜まりに髪の毛を投じ、佛の足が汚れるのを防ぎました。燃灯佛はとっさの供養を受けて振り返りました。そして、「お前はとても清らかな施しをしようという心で満ち満ちている」とお褒めになり、次はきっと兜率天《とそつてん》に生まれるであろうと予言されました。

これによってスメーダは兜率天に浄幢菩薩《じょうどう》として生まれました。兜率天では弥勒菩薩が昼夜恒説していると経典にありますから、毎日24時間、説法をしています。昼も夜もお説法を聞いていた浄幢菩薩はやがて修行が満ちて閻浮提《えんぶだい》に降りて、人々を教化する佛の種をもって迎えられることになる。閻浮提とは地球のことですが、地球のどこへ行こうかと兜率天から見下ろされて、ヨーロッパではなく、アメリカでもなく、インドがいいと決められ、インドの中でもカピラ国がいい、カピラの中でも浄飯王《じょうぼんおう》とマーヤー夫人のご夫婦の縁がいいと言われ、そこに宿られたとお経に書いてあります。

「六道を越えて七歩あゆむ」

お釈迦さまは、インドのカピラがいいと選んで、そこに生を受けました。いよいよ「受生《じゅしょう》」です。生を受けて、この地上にお出ましになったわけです。お釈迦さまはルンビニーの花園で、母の右脇から出生しました。清らかなものは右脇から出るという信仰がインドにはあります。

出産のときは故郷へ帰るというのを基本にしていましたから、マーヤーさんも自分の故郷に帰る途中でした。私の家でも姉が子どもを産むときに帰ってきていましたし、兄のお嫁さんは自分の故郷へ帰って出産していました。帰る途中、ルンビニーの花園で休憩するためにお寄りになったとき、にわかにお釈迦さまの誕生があったというのです。

無憂華《むゆうげ》という真っ赤な花が咲いていたのを、マーヤーさんがきれいだといい、花に触れようとした。そのときにお釈迦さまがお生まれになりました。生まれた子を梵天と帝釈天が手を伸べてお受けになった。そこへ八大龍王が喜びの雨を降らせたと言われています。インドでは黒い雲が来てスコールがザァーッと降ってくることがあります。その現象を八大龍王と言われたのでしょうか。これが甘茶を産湯にしたという伝承へと変化していきました。

このときにお釈迦さまは七歩のあゆみをされました。それは「六道」を越えるということです。「六道」とは「地獄・餓鬼・畜生・修羅・人間・天人」で、その六つの世界を越えたという意味で七歩あゆまれたと言われます。お釈迦さまは生まれたときから我々とは少し違った佛の種を持っておられたのです。

そして、このときに発したのが、「天上天下唯我独尊《てんじょうてんげゆいがどくそん》」という言葉です。その後に「三界皆苦吾当安之《さんがいかいくごとうあんし》」と続き、これで1つの偈文《げもん》となるのです。天の上にも天の下にも我はひとり尊い。なぜかというと、三界《さんがい》つまり欲界《よくかい》・色《しき》界・無《む》色《しき》界のすべてに存在する苦しみを安んずる教えだからだ、というわけです。

苦しみを取り除くというのとは違うのです。皆さん方が、苦しむ方向へ、腹立つ方向へ、面白くない方向へ行こうとする状態を、喜びや感謝の心に変えていく、そういう説法をすることができるというのです。

迷える心を智慧に変える。１０８の煩悩といいますが、間違ったままならば煩悩です。煩悩というのは、苦しくて、煩わしくて、迷うことなのです。この１０８つをちょっと変えるだけで、１０８つのすばらしい安らぎと、喜びが生まれるので、１０８つの智慧と置き換えることができるのです。三界の苦しみをそういう安らかな方向へ受け取るのです。「吾《ご》当《とう》安《あん》之《し》」というのはそういうことなのです。

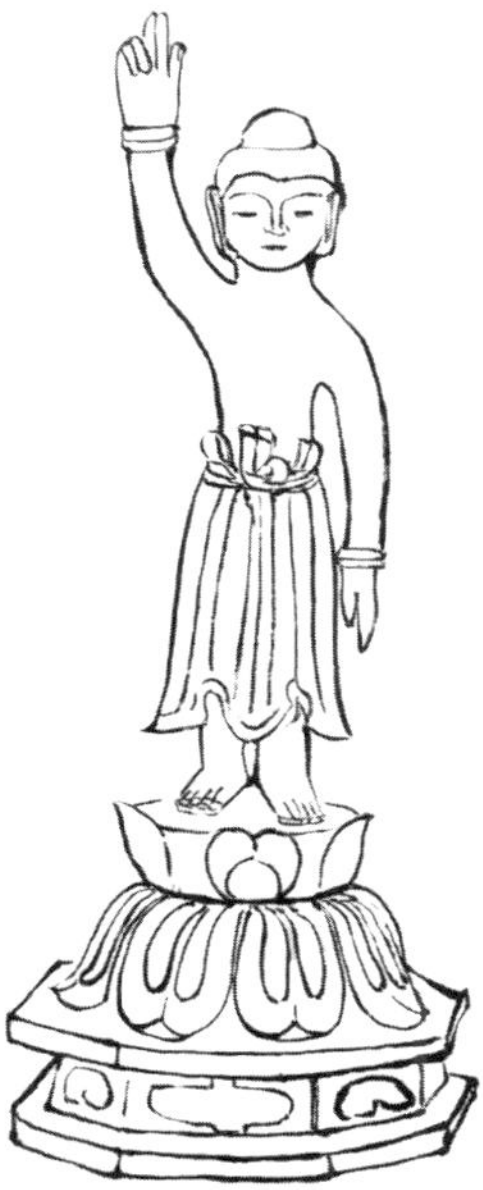

誕生佛

「頼りでもあり憂いでもある」

世の中はだんだんと情勢が厳しくなると思っているかもしれませんが、昔の人はそんなふうに思わなかったのかもしれません。「苦に病むな。世上に金はまいてある。欲しくばやろう働いてとれ」という。世の中にはいっぱいお金がまかれている。それが見えないのだと。

そう思うと、私の大先輩の高田好胤《こういん》管長だって、世上にまいてあったお金を拾った人だったと思います。『般若心経』に注目し、多くの人にお写経をしてもらう。当時のお坊さんは誰もそれに気付かなかったのです。お写経などという、あんな「しちめんどうくさい」ことが、この現代社会の中でどれほど受け入れられるのか。30年も40年も前に、お写経の尊さに1番最初に気付いたのが高田好胤管長でした。おかげで薬師寺は、何もないところからこの1300年の白鳳《はくほう》伽藍《がらん》を復興させてもらったわけです。

みんなで智慧を出して進めば、そんなに間違った方向にいかないだろうと思うのですが、私たちは頼ってばかりいるからいけないのだと、お釈迦さまが言っています。お釈迦さまはこういう悪魔の声を聞きます。

子あるものは、子あるによりて、喜びあり。
牛あるものは、牛あるによりて、喜びあり。
頼りは人の喜びなり。
頼りなければ、喜ぶことなければなり。

子どもと財産は喜びである、それがない人は寂しい。子がいれば将来の頼りになるだろうし、牛は財産である。私たちが困ったときの物質的な喜びではないか。その頼りになるものを捨てて、お前はどこへいくのかと、悪魔はお釈迦さまが苦行しようというときにこう呼びかけました。それにお釈迦さまは次のように答えられた。

子あるものは、子あるによりて、憂いあり。
牛あるものは、牛あるによりて、憂いあり。
頼りは人の憂いなり。
頼りなければ、憂うことなければなり。

こちらが頼りと思っているものが、同時に憂いでもある。そうですよね。牛が口蹄疫にかかって、牛肉が食べられなくなって、牛丼チェーン店がつぶれてしまわないかと、まあそんな憂いがいっぱいあります。儲ければ儲けたで憂いが出てくる。そういうふうに私たちの心を迷わせて、狂わせていくものを、お釈迦さまはパッと切り捨てて、お城を抜けて苦行に行くのです。これが先ほどの7歩あゆまれたということにも重なります。

「老病死は避けられない」

次に「受楽《じゅらく》」です。お釈迦さまはお城の王子さまとして、蝶よ花よと育てられた、いわゆる「ぼんぼん」です。とは言っても、お釈迦さまは今の政治家のぼんぼんみたいに感覚の鈍い人ではありません。カピラ国は農業国ですから、お米を生産していました。７歳のお釈迦さまは、お百姓さんたちが田畑を耕しているのを視察されました。お百姓さんが大地に鍬《くわ》をふるうと、土中からミミズが出てきました。そのミミズを、蛙がパッと食べてしまいました。蛙が飲み込んだところへ蛇が来て、蛇が蛙を飲み込んでしまいます。すると今度は空から鳥が飛んで来て、その蛇をさらっていきました。それを見ていたお釈迦さまは、弱きものが強きものに食われていく、弱肉強食ということを学んだのです。７歳のときですよ。偉いものですね。

お釈迦さまはその後、お城の東南西北の門を出て、社会の現実を見るという経験をします。生老病死の四苦というものを体験するわけです。

まず、東の門から出たら、よろよろと歩いている人に会った。あれは何だとお供の者に聞くと、老人だという。その姿を見て、私もあんなふうになるのかと尋ねると、「人間はすべて年を取って老人になります」と答えられて、ショックを受けます。次に南の門を出られ、病気の苦痛に耐えている病人に会われた。あれは何だと尋ねられると、「病気に苦しんでいるのです」と。お釈迦さまが「私も病気になるか」と尋ねると、「人間は誰もが病気になります」と答えました。「そうか、あんなふうに苦しいのか」と言って考え込みます。今度は西の門を出ると、お葬式の行列に会いました。あれは何かと尋ねられると、「人間が死んだのです」といいます。「私も死ぬのか」と尋ねると、「人間はすべて死にます」とお供の者は答えました。

最後に北の門を出られると、向こうから沙門《しゃもん》、つまり出家修行者が来るのです。とても爽やかなあゆみをしておられ、何の屈託もなく、春風のように歩いていました。町を歩いている他の者たちとあまりの違いに驚かれたお釈迦さまが、あれは何だと尋ねられると、お供の者が「あれは沙門です」と答えました。「なぜあんなに清らかに歩いているのか」と尋ねますと、お供の者は、「私にはわかりません。直接尋ねてみて下さい」といいます。

そこでお釈迦さまは沙門を呼びとめて、「あなたさまはどうしてそんなに苦しみもなく歩けるのか」と質問しました。沙門は、「私は欲を離れて、少

降誕と摩耶夫人

しでも世の人の幸せになることをしてあげたいと考えて歩いております」と答えました。欲を捨てて、人のためになることをしようと思えば、そんなに爽やかな行動ができるのかとわかり、お釈迦さまは自分も沙門になることを決意さ

四門出遊

れました。

生老病死は人間が避けて通れない四つの苦しみです。そのほかに苦がまだ四つあって、足すと八つになることから、「四苦八苦」という言葉が生まれました。あとの「四苦」とは、「怨憎会苦《おんぞうえく》」「愛別離苦《あいべつりく》」「求不得苦《ぐふとくく》」「五蘊盛苦《ごうんじょうく》」です。

「怨憎会苦」というのは、日頃会いたくない、憎たらしい、怨みをいっぱい持っている、そういう人にも会わなければならない苦しみです。会社でも同僚同士や上司と部下間に起こるのが「怨憎会苦」です。「愛別離苦」は、愛する人と別れる苦しみです。家族と別れる、親が子に先に死なれる苦しみです。「求不得苦」とは、求めても絶対に得られない苦しみです。例えば、顔や姿形は生まれつきで変えられないものです。宝くじを買っても当たることはないのですから仕方がないのです。私たちがノーベル賞をもらおうと思ったって無理なのです。具《そな》わっていないものは得られない、それが「求不得苦」ということです。「五蘊盛苦」は肉体が元気で苦しいこと。病気で苦しいこともあるけれど、元気も苦しいのです。肉体は煩悩の器ですから、元気なことが苦しみを生み出して、体と心のバランスが崩れ、抑えることがなかなかできない。これが「五蘊盛苦」です。

「死ぬほどの苦行に耐えて」

この「四苦八苦」を逃れるために、お釈迦さまは「苦行」をしました。快楽に浸る生活を逃れ、お城を飛び出します。

今から2500年前のインドには、さまざまな修行をして悟りを求める人々がいました。これを佛教の側から見て外道《げどう》といいます。とくに、「六師《ろくし》外道」と呼ばれる「六派」がありました。これらはインドの土俗的な宗教であるバラモン教から出た思想家たちです。

バラモン教はのちにヒンドゥー教として整理され、今日に至っています。その影響は日本にまで及んでいます。多神教であるヒンドゥー教に由来する神さまには、弁天や鬼子母神《きしもじん》、毘沙門天、梵天、帝釈天、吉祥天などがあります。ヒンドゥー教の立場からすれば、佛さまもそのうちのお一方《ひとかた》ということになります。

　外道という言葉は、佛さまの道から外れた行いをする人のことを指します。しかし日本では佛教以外にも、人の道に外れたことをする人や、常識の無いことをする人のことを、あの人

宮廷の生活

は外道だからなどと言われたりします。本筋から外れたものという意味で、本来はお釈迦さまの教えと違う生き方をしている人のことを佛教の側から言った言葉です。

ところで、苦行とは具体的にどんなことをするのか。こんなことを説明しても、実際にやる人もいないでしょうし、やらなくてもいいのですが、参考までにいくつか見てみましょう。

仙人を訪ねシッダールタ太子の苦行

「自餓《じが》外道」というのは、餓鬼道で餓鬼が飢えているように、食べ物を食べないで餓えに耐える苦行です。苦しいでしょうね。「投淵《とうえん》外道」は水の中に身を投ずるということで、要するに水垢離《みずごり》をするわけです。「赴火《ふか》外道」は火を身体に当てるのです。みずから火傷《やけど》をするようなことをやって耐える。「自坐《じざ》外道」は裸形《らぎょう》、つまり裸で歩く。今でもジャイナ教などでは実行しているそうです。風呂に入る時くらいだったら気持ちいいのですが、ずっと裸でいると日焼けしたり乾燥してきたりで、つらいものだそうです。「寂黙《じゃくもく》外道」というのは、物を言わないこと。墓場などで孤独に耐えるという修行です。「牛狗《ごく》外道」は牛や犬のように道端で草などを食べて生活する修行です。

皆さんが仮に修行する場合は、「投淵外道」で水をかぶる、滝に打たれるなどにしたらよいかと思います。そんなことをしたところで佛の智慧が出てくるかどうかはわかりませんが……。薬師寺でも、「四度加行《しどけぎょう》」という修行がありますす。この修行では3時に起きて水をかぶることもあります。若い時に「まあ、やらせておけ」という感じです。私も1年間やったことがあります。今はもう

50日くらいで済ませていますが、寒い季節の水は冷たいというより痛い。バーンと物が当たるような感覚です。それをちょろちょろかぶっていたら病気になります。おもいっきりガバーッとかぶる。そうすると身体が温かくなってくるのです。

「自餓」は食べ物を食べない苦行です。お釈迦さまが最後にされた修行がこれでした。3ヶ月間、飲まず食わずに居て、死が見えた。そして生きるか死ぬかという状態で山を下りて、スジャーターという女性からお粥をいただいたのです。

「強すぎず、弱すぎず」

こうしてお釈迦さまは気づきました。「世の愚者は、苦行によって心を悩まし、楽によって心を汚す」。苦行だけだったら心が悩むだけだ。しかし逆に、楽だけの生活をしていると心が汚れるという。日本も戦後に豊かさを手に入れ、合理化・便利・楽ばかりを求めてきて心が汚れたのです。経済成長ばかり目指してきましたから、贅沢になればなるほど心が汚れたのです。

お釈迦さまは楽と苦とを経験してきた上で、どちらに偏りすぎてもいけないと知りました。では何がいいかといったときに、ウルヴェーラ村に降りてきて沐浴し、スジャーターという娘さんから乳粥をいただいて、一息つきました。

このときちょうど村はお祭りでした。遠くから祭りばやしが聞こえてきました。

弦《いと》が強けりゃ強くて切れる、
弦が弱けりゃ弱くて鳴らぬ、
緩急正しく調子を合わせ、
手振り、足振り、リズムに踊れ。

この歌がつまり「苦によって心を悩まし、楽によって心を汚す」ということなのです。お釈迦さまはその祭りばやしを聞いて、そうか、私がやっていたのは偏っていたのかと気づいたわけです。城を出るまでは楽ばかりやっていた。歌舞音曲、贅沢な飲食、男女の乱行というのがお城の中の生活だった。そこで今度は6年間、外道のやっていた苦行を経験してみました。誰も真似《まね》できない程の苦しみを経験して、身体がずたずたになったところで山を下りて、迷っておられたときにこの歌が聞こえてきた。「緩急正しく調子を合わせ」、強すぎず、弱すぎず、ちょうどいい具合に調和したところで、「手振り、足振り、リズムに踊れ」と。いい歌じゃないですか。

佛教は調和なのです。かつての大阪府知事、佐藤義詮《ぎせん》氏は、大阪万博（昭和45年・1970）を「進歩と調和」というテーマにしました。この人はお寺さんの出身です。進歩だけしても幸せになることができないのです。やっぱり大事なことがほかにあるのです。

お釈迦さまは、楽も苦もどちらも間違いだったと気づきました。八木重吉の詩に、こういう1節があります。「わたしのまちがいだった／わたしの　まちがいだった／こうして　草にすわれば　それがわかる」（「草にすわる」）。お坊さんにしてもお医者さんにしても、すべて正しいことをしているかというと、そうでもないのです。学者も先生も、お父ちゃんもお母ちゃんも、みんな間違いだらけで毎日やっていくのです。そういう毎日を通して、私たちはお釈迦さまの教えを生活の中に1つでもいただかせてもらうのです。

言葉で聞けば、ああそうだと思うのですが、どれ1つをとっても、なかなか実践はできないものです。けれどもそういう厳しい状況の中で、佛教が求めていったものの1つがエコロジーだったと思います。お釈迦さまほど、調和ということ、自然体というものを大事にした人はいないと思うのです。現代はつい、自然と闘って、自然に打ち勝つことが人間の知恵だと思われがちですが、そんなことをやっているうちに取り返しのつかない問題が出てきてしまうのです。

地震や火災などが起こるたびに、人間の力と自然の力の違いをはっきり見せつけられます。そういう自然の大いなる力を感じることによって、人間の間違いを自覚させることが大事なのだと思います。

【お釈迦さまの生涯】

〔後編〕―成道・転法輪・涅槃・分舎利―

ここからは、お釈迦さまのその後半生をたどってみたいと思います。前編では因相まで話しましたので、続いて果相についてお話をします。

伝道の旅を続けてきた釈尊は「自灯明・法灯明」と説き「怠るな、努力せよ」と言い遺して涅槃に入られました。

「母なる河ガンジス」

私がインドに行った時の話です。関西国際空港から出発して、行きは太陽を追っかけて行きますので、その日のうちに着きます。お昼過ぎの飛行機で出発して、デリーに着いたのがまだ22時過ぎぐらいでした。帰りは逆に１晩かかって帰ってくるわけで、往きは得したような気になり、帰りは損をしたような気持ちになります。

薬師寺では、東塔の大修理をさせてもらうために、特別写経の勧進をしてきました。『舎利礼文《しゃりらいもん》』というお経を書いていただいて、１巻は東塔が完成した時に東塔の中に、もう１巻はインドのお寺に納めようという写経をお願いしており、その１回目の納経ということでインドに行く人はいませんかとお誘いしましたら、全部で１１０人も集まったのです。

そこでこの時は、この１１０人をお連れしてインドへ行ったのですが、どうにも人数が多すぎました。お手洗いに並べば30分くらいかかる。バイキングの食事でまた30分。数が多いのは尊いことですけれども、今度行く時は50人くらいに制限をして行こうかと思っています。参加者の中には最高齢が90歳、それから88歳、86歳と、そういう方々が4、5人いらっしゃいました。

今回、ベナレスというところに行きました。ベナレスの近郊にあるサールナートは鹿野苑《ろくやおん》とも呼ばれ、お釈迦さまが最初にお説法をされた場所です。章の初めにお伝えした通り、お釈迦

インド・母なる河ガンジス

さまがお説法をすることを「転法輪《てんぽうりん》」（＝法の輪を転ずる）と言いまして、最初のお説法のことを初転法輪と言います。ですからサールナートは初転法輪の地であります。

ガンジス河はヒマラヤから流れてきて、ベナレスで蛇行します。ここで流れがよどんで、とても静かになります。ガンジス河はいろいろな支流を集めて流れているところから、インドでは「母なる河」と呼ばれます。すべてのものがこの河から生み出されてくるという信仰がありまして、そこで沐浴をしたり、来ることができない人のためにその水を瓶に詰めて持ち帰ったりします。自分のふるさとに持ち帰って神棚のようなところに祀り、何かあるたびにその水を使う。結婚式などのお祝い事にも、あるいはお亡くなりになった時の末期《まつご》の水としても使われるそうです。

そんな母なる河の尊い流れの中に、火葬して灰になった骨を撒く、これがインド人にとっては１番幸せな死に方なのだそうです。私たち一行も朝に舟で、みなさんが沐浴したりしているところを見学させてもらいました。この頃は日本でも散骨というのをやり始めました。「よかったらガンジスに撒いてきてあげます」といい、私も預かって持って行ったことが何回かあります。

　ブッダガヤにも行きました。もともとはガヤという名前でした。ここでブッダがお悟りを開かれたので、ブッダガヤと呼ばれるようになりました。ここにはスリランカやチベット、ビルマ、タイ、カンボジアなど

悟りの地・ブッダガヤの大塔

の国がお釈迦さまに感謝をしてお寺を建てています。佛恩《ぶっとん》という言葉がありますね。そういう思いでお寺を建てたのです。

昭和39年（１９６４）、薬師寺の橋本凝胤《はしもとぎょういん》師が、日本もぜひインドに寺を建てて、感謝の意を表そうといい、活動を始めました。まずはお寺を建てる土地を貸してもらうため、大阪市の助役でのちに衆議院議員にもなった和爾俊二郎《わにしゅんじろう》さんが、橋本凝胤師と一緒にインドへ行きました。和爾さんは薬師寺の信徒総代をしていました。実は私もその時お供をして行ったのです。私にとってはこれが初めてのインドでした。

借りた土地には最初に宝篋印塔《ほうきょういんとう》を建てました。その後に、東京の祐天寺《ゆうてんじ》という浄土宗のお寺のご住職が一生懸命に協力してくれて、後に立派な日本寺ができたのです。もしブッダガヤに行くことがあったら、このお寺にも寄ってみて下さい。保育園や医療施設もあります。生活上のちょっとした怪我や病気だったら無料奉仕で治療してくれます。保育園もすでに設立から50年近く（令和３年現在）経っていますから、当時５歳くらいだった子がもう50代になっています。ちょっとでも日本語の教育を受けた人たちがインドで活躍してくれたら、それが日本からの恩返しになるのではないかという思いです。

特別写経はまだこれからも続きますので、毎年1回はインドへ出かけて、佛跡をその時に参拝させてもらおうと思っています。

インド　ナーランダ佛教大学跡
玄奘三蔵法師は5年間瑜伽唯識論をここで学ばれた

ブッダガヤ
印度山・日本寺の菩提樹学園を参観

「2月の満月の日に入滅」

お釈迦さまは35歳でお悟りを開いた後、80歳でお亡くなりになるまで伝道の旅を続けられます。

お釈迦さまがお亡くなりになったのは2月15日です。お釈迦さまと同じ満月の夜に亡くなりたいと多くの日本人が願います。橋本凝胤師もそうでした。亡くなったのは現在の暦で昭和53年（1978）3月25日、その晩はちょうど満月でした。

すでにその頃は桜が咲く時季でした。西行さんは河内の弘川寺《ひろかわでら》（大阪府河内郡河南町弘川）で辞世の句を詠まれました。「願はくは花の下にて春死なむそのきさらぎの望月のころ」。この人もお釈迦さまの亡くなられた日に亡くなりたいと願ったのです。

東大寺さんが毎年3月1日から14日まで二月堂でお水取りをされます。この頃のお坊さんは日頃は普通の生活をしていますので、行に入る一週間前から前行というのを行うのです。火と水とを分けて生活をするというので、別火《べっか》と言います。一通りの生活道具をもって行に入り、ガスなどは使わず、手向山《たむけやま》八幡宮で起こしてもらった火を火縄につけて持ってきて、その火でずっと煮炊きをしたり灯りにしたりして1週間過ごします。これを入れるとお水取りは3週間の行になります。現在は新暦の3月にやっていますが、もともとは2月の行事でした。

いずれにしてもお釈迦さまは

ヴァイシャーリーの史跡にて　アショーカ王柱（右）

２月15日にお亡くなりになりました。これを涅槃《ねはん》といいます。涅槃とはインドの言葉のニルヴァーナを音写したもので、直訳すると火を吹き消すといった意味になります。火がふっと消えたときの状態を表す言葉なのです。ものごとが終わるという意味で、人間の命の終わりについて使われています。

お釈迦さまが涅槃に入られる時に、アーナンダ（阿難）というお弟子さんがお世話をしています。アーナンダはお釈迦さまに尋ねます。

「お釈迦さまは今ここで亡くならなくても、神通力を持っているのですから、１００歳までも１２０歳までも生きることができるのではないですか？どうして80歳で亡くなっていくのですか？」

するとお釈迦さまは

「この世の中というのは、生じたものは必ず滅するのだ。それが諸行無常で、亡くならないものはいない。だから私だけが特別ということはない」

と答えます。生あるものは滅していくというのがお釈迦さまの教えなのです。皆さん方もいつか亡くなるということだけは間違いがありません。

「自《じ》灯《とう》明《みょう》・法《ほう》灯《とう》明《みょう》」

続いてアーナンダは、

「教えを聞いて理解できる人はいいけれど、私たちのように若いものはなかなか佛教のことがわからない。そういう人を導かないでお釈迦さまは勝手に亡くなってもよろしいのですか」

と問う。そうするとお釈迦さまが、

「アーナンダよ、そんなに私を頼らないでくれ。お前はお前の生き方をしなさい」

人に頼ることをやめなさいとおっしゃるのです。我々が頼りにしているものを考えてみて下さい。頼りになるものが何かあるだろうかというと、ありそうでないものですね。お金を持っていれば頼りになるかというと、お腹が空いたときに代わりにスーパーに買い物に行ってくれるわけでもないし、具合が悪くなってもお金が病院に連れて行ってくれるわけでもありません。

そこでお釈迦さまが説くのが、「自灯明《じとうみょう》」という教えです。まず自らが灯りになりなさいというのです。お話を聞いていい内容だなと思ったら、隣近所の人に教えて聞かせる、何か少しでも語りかけることが灯りをともしてあげることになるのです。そうしていれば今度は、みんなが自分のところに寄ってきて世話をしてくれて、お互いに助け合っていけるのです。

この頃は、自分は自分、人は人というふうに分けて、あまりお付き合いがなくなってきています。自らが灯りになって周りを照らしてあげなさいと言われたところで、真っ暗闇の中を歩いてゆくのはつらいものです。そこでお釈迦さまがこうおっしゃいました。そのときに何を頼りにしたらいいかというと、私が教えたその教えを頼りにしなさい。教え以外のものを頼りにしてはいけないと。教えのことを法といいます。佛・法・僧の法です。これが「法灯明《ほうとうみょう》」です。

私が伝えた教えを灯りにしなさい。それ以外のものは灯りにしてはいけないと。

人は皆、灯りを求めます。皆さんは日頃、どんなものを灯りにしますか。例えば星占いや人相や手相の占いなどに頼っているのではないでしょうか。お釈迦さまは、そういうことは絶対にいけないとおっしゃっています。「瑞兆《ずいちょう》の占い、天変地異の占い、夢の占い、相の占いを完全に止め、吉凶の判断をともに捨てた修行者は、正しく世の中を遍歴する」、これが佛教の大事なところなのです。

ですから、占いで長生きできるなどと言われて信じていたらいけませんよ。亡くなった高田好胤《たかだこういん》管長が手相を見てもらったことがあります。なんでも有名人の手相を見て必ず次の人を紹介してもらう占い師がいて、美空ひばりさんを見たら、江利チエミさんを紹介してもらい、次に高倉健さんを紹介してもらってというふうに次から次へと紹介していって、佐藤栄作さんから高田好胤管長を紹介したのだそうです。そこで見てもらったところ、「これは良い手相ですね、高田さん、あなたは100歳まで生きますよ」と言われたのです。しかし残念ながら74歳で亡くなりました。意外と当たらないものです。

だからお釈迦さまは、こういうものはいけない、灯りはふたつ、自灯明と法灯明だと言っておられるのです。

「釈尊を偲ぶ『四大佛跡』」

つづけてお釈迦さまは、「もし私が涅槃に入った後に会いたいと思うのなら、次の４ヶ所を訪ねなさい」とおっしゃいました。「私が生まれたルンビニー、私が悟りを開いたブッダガヤ、私が最初に説法したサールナート、私が涅槃に入るクシナガラ」。この４ヶ所を佛教の聖地として「四大佛跡」と言います。これが佛跡巡拝の始まりなのです。

玄奘三蔵法師が中国からインドに行かれた目的の１つは、この佛跡を訪ねることでした。お釈迦さまがここで生まれた、ここでお悟りを開かれた、ここでお説法をされた、ここで涅槃に入られた、というその場所に立って、直《じか》に風を受ける、その場所で星を見る、月を見る、大地を踏みしめる、このような体験によって、お釈迦さまに会える気がする、お釈迦さまに１歩近づける、というわけです。
インドでは佛教が壊滅状態になって、今では佛教というと遺跡が残っているだけです。佛教徒は全人口の1パーセントに満たないくらいです。私たち一行は今回、「四大佛跡」のうちブッダガヤとサールナートの2ヶ所に行きました。お釈迦さまに会えた人もいるでしょうし、会えなかった人もいるでしょう。

日本ではこういう巡礼が、お釈迦さまでなくお祖師さまの足跡を訪ねていくことで発展します。弘法大師空海の四国八十八ヶ所を巡ってみると、「弘法大師は空を見て海を見て、ああそうか、それで空海とつけたのか」などと考えながら歩いたりします。お遍路さんとして歩きながら、自分の死に場所を選ぶようにして空海と歩いているという人もいるのです。

玄奘三蔵法師はその場所に立ちたいと思い、シルクロードの砂漠を越え、天山山脈を越え、ヒンズークシの山々を越えて行かれたということだけでも、いかにお釈迦さまをお慕いしていたかがわかると思います。

薬師寺の玄奘三蔵院伽藍には、画家の平山郁夫さんによって、この玄奘の旅の風景が描かれた49メートルほどの大壁画があります。平山先生は画家といっても、画家を超えた世界観をもって平和な世の中を願われた方でした。私たちがいくら世界平和を訴えても現実にはなかなか平和にはなりませんが、平山先生の思

ブッダガヤ　日本寺

クシナガラ　白亜の殿堂大涅槃寺に、6.1mの涅槃像が安置されている

クシナガラ　荼毘塚

いを継承していかなければと思います。

「生まれを問うなかれ」

インドにはカーストという身分制度があります。バラモン、クシャトリヤ、ヴァイシャ、シュードラという4つの階級があり、人は生まれながらにして違いがあるとインドの社会では言うわけです。お釈迦さまはこんなのはおかしいと感じて、生まれによって尊い人とそうでない人がいるということはない、とおっしゃったわけです。生涯そう言い続けていたわけですが、社会の慣習というものはそう簡単に変わるものではないのです。これは別にインドに限ったことではありません。日本も、かつては士農工商などの職業差別がありました。

4つの階級の中で1番偉いのはバラモンです。バラモンとは祭祀者で、お祈りをして亡くなった人の魂を昇天させ、楽果を得させるという聖職の仕事をしている人たちです。次にクシャトリヤは王族で、お釈迦さまはカピラ国の皇太子でしたからクシャトリヤです。次にヴァイシャは庶民で、農業や工業に従事している人、商売をしている人など、一般の市民のことです。そしてシュードラは職業を選ぶ自由のない最下層の人たちです。この4種類の階級が厳然としてあるのです。

バラモンとバラモンが結婚したらバラモンが生まれ、クシャトリヤとクシャトリヤが結婚したらクシャトリヤとなります。では、この階級を跳び越えた子どもはどうなるか。たとえばシュードラという階級の人々は、家の掃除や洗濯をするといった下働きばかりをしていて、下女とか下男などと呼ばれていますが、そういう中にも美しい人や男前の人はいるわけです。そういう人に主人が手をつけて子どもが生まれたとする。身分の高い人と低い人との間に生まれたら、これは罰として身分が低くなるといった決まりがあるのだそうです。

こうした制度に対してお釈迦さまは、「生まれを問うなかれ」と言いました。あなたはバラモンですか、クシャトリヤですか、ヴァイシャですかなどと、いちいち問いかけてはいけない。そうではなくて「行いを問え」というのいます。

です。その人が営む生活、その人の好意、善行を問いなさいとお釈迦さまは言いました。

例えば木はどんな木でも、汚れていようと曲がっていようと、焚き火にくべれば同じエネルギーの熱を出してくれます。ヴァイシャだから勢いがないだとか、シュードラだから汚れた火が出るなどということはないのです。同じように熱を出して、湯を沸かしたり調理したりできる。だから「火は実にあらゆる薪から生ずる」とお釈迦さまは言い、「賤《いや》しい家に生まれた人でも、聖者として道心堅固であり、恥を知って謹むならば高貴の人となる」と言うのです。生まれで人間の善し悪しは決まらないということを徹底的に説かれているのです。

だからお釈迦さまの弟子には、五百羅漢《ごひゃくらかん》さんのようにいろいろな顔をしたいろいろな人種の人がおられます。五百羅漢さんの多様な姿は、お釈迦さまが民族の差別をしなかったということを証明しているものなのです。

「五感を静かに保つ」

　では、お釈迦さまは人間の身体をどのように見ているのでしょうか。

皆さんは、人間の身体をきれいなものだと思って見ていますか。少なくとも自分の身体はきれいと思っている人が多いのではないでしょうか。

自分のものはきれいで、他人のものはきれいに思いません。このごろの若者はすごいです。歳を取った人を見たらスプレーをかける。何をかけるのかと思ったら、それは加齢臭を消すスプレーなのだそうです。自分のことは棚に上げてね。


　お釈迦さまは、誰にも例外はなく、人間の肉体はきれいではない、とおっしゃっています。私たちの五体は骨と筋とによってつながれている。骨と神経とを固めているのが深皮《しんぴ》、これは神経のことです。深皮と肉の上を覆っているのが表皮《ひょうひ》です。表皮に覆われていてありのままに見えないものだから、あの人はきれいだとか、かわいいだとかいうのです。

しかし一皮むいてみれば、その中は汚いもので満ち満ちている。人間には9つの孔《あな》が開いているといいます。その9つの孔から常に不浄な物が流れ出ています。目からは涙が出て、目やにが出てくる。同じように、耳からも鼻からも口からも汚いものが出てくる。あとお尻と生殖の道で、9つになります。それらから不浄なものが出てくるのだから、肉体はきれいなものではないというのです。それなのに肉体にブランドの服を着せて、惜しみなく着飾ろうとしているのです。

では心はどうでしょうか。お釈迦さまは、賢い人というのは「貪欲を離れ、諸々の感官《かんかん》を静かに持ち、家なくして歩み、よく自らを慎んで、梭《ひ》のように真直ぐな人だ」と言っています。梭とは機を織るときに、もつれないように横にわたす用具です。

貪欲を離れて、「五感」を静かに保つ。これが難しい。眼と耳と鼻と舌と身。この5つの感覚に私たちは毎日こだわって生きているわけです。眼には美しいものを見せたいと思って、春になったら桜を見に行かなければと思う。耳には良い音を聞かせようとコンサートに行って、鼻には良い香りをと香水をつけて、舌は美味しいものを求めてこの後どこへ食事に行こうかと考えています。

「むさぼりをやめる」

佛教では人間の煩悩を貪瞋痴《とんじんち》の三毒と言っています。貪はむさぼり、瞋は怒り、痴は愚かさです。この３つを止めなさいと教えているのです。

なかでも１番いけないのはむさぼりです。貪欲という字を分解すると、「今、貝が欲しい」と読めます。貝というのはお金ですから、今すぐお金が欲しいと後先を考えずに行動することを貪るというわけです。貪に似た字に貧があり、これは「貝を分ける」と読めます。１つのものを10に分けると10分の１になるからこれは貧しいけれども、むさぼるよりはずっと健全です。皆さんも貯め込んでいてはいけませんよ。税金を取られる前にお寺に寄付しましょう

（笑）。「欲深き人の心と降る雪は積もるにつれて道を忘るる」などといいます。雪が降り積もってどこが道路だかわからなくなる、それと同じように貪欲だと正しい道筋が見えなくなるのです。

「三毒」の怒りというのはどこからくるかというと、「己の心に背くことあらばすなわち怒る」といいます。

己を修め人を治める

自分がこうだと思っていて、それと違うことをされると腹が立つ。プロ野球で応援しているチームが負けて腹を立てている。始めから弱いチームを応援しているのですから負けるのは当たり前なのに、相手の選手を恨んだりしている。道を歩いている人は自動車に乗っている人を見て腹が立ちます。しかし自分が自動車に乗ると、歩いている人を見て腹を立てます。そのように「三毒」が私たちを狂わせていくのです。

ですからお釈迦さまは『法句経』の中で、「他人の邪《よこしま》を見るなかれ。彼が何をなし、何をなさざるかを言うなかれ。我が何をなし、何をなさざるかを思うべし」とおっしゃっています。人のことを言ったらいけない、自分がしていることに気づかなければいけないというのです。「戦場に出《い》でて1000人の敵に勝つよりも、自己《おのれ》1人に打ち克つ者こそ最上《まこと》の戦士《つわもの》なり」ともおっしゃっています。最も強いのは自己の心に勝つことのできる人だというのです。

「親を選んで生まれてきた」

弘法大師空海は、人間の始めは暗く、終わりも暗い、と言っています。始めのことはほとんど意識していないから、混沌としてよくわからないでしょう。死ぬときはどこへ行くのかというのは、これがわかりません。死んだらおしまいなどと言いますが、本当におしまいかどうかはわからないのです。

ところがお釈迦さまはわかったというのです。前世で自分が次にこの人間界に生まれるとき、インドのカピラ国王をお父さんに、その皇后をお母さんにして私は宿ろうと考えたといいます。皆さんもおそらく、自分のお父さんとお母さんを選んだのだろうと思います。この頃の若い子は、頼みもしないのに産みやがってとか言うのですが、こちらは頼みもしないのにお腹の中に入ってきて、選べるものなら、もっとマシな人間を選んだと言い返したくもなりますから、まあお互いさまです。

「やよ赤児　汝れはいずちの旅を経て　我を父と生まれ来ませし」（吉川英治）

という歌があります。なあ赤ちゃん、きみはどんな旅をして、私たちを親としたのか、よく生まれてきてくれたねという呼び掛けのような気がします。私を選んでくれたと思えば、大事に育てようという気持ちになりますね。これを勝手に出てきたくせになどと思うのでは、ずいぶん違うでしょう。

実は2500年前のお釈迦さまの時代に、そういう親がいたのです。マガダ国のビンビサーラ（頻婆娑羅）王とイダイケ（韋提希）夫人の2人には、子どもがなかなか授かりませんでした。占い師に見てもらったら3年先に生まれるという。今は山の中で修行している仙人がいて、年をとってあと3年で死ぬことになっている。その人が死んだら生まれ変わってあなたのお腹に宿ることになっているという。それを聞いた夫婦は3年も待てないと人を遣って仙人を殺したところ、言ったとおりに男の子が生まれた。これがアジャセ（阿闍世）という子です。

アジャセという名の意味は「未生怨《みしょうおん》」、つまり生まれる以前から恨みを親に持っているというのです。親としてはそんな子だったらいらないという気持ちになり、恨みに思われて後で自分たちが殺されてはたまらない、なかったことにしようと、刀と槍を上に向けて置き、その上に子を産み落とす、当然死んだと思っていたら、処理に行った者が刃と刃の間にうまく落ちて生きている赤子を見つけ、内緒で育てることにしました。それはやがて王様夫婦の耳に入り、子どもを王様夫婦にお見せすると、イダイケ夫人は私の子として育てるということになりました。アジャセは命を取り留めていたものの、刀に触れて小指が切れていました。成長したのち、なぜ自分の指が切れているのかと問ううちに、出生の秘密を知ります。自分を殺そうとした父親を牢屋に入れて殺そうという話が『観無量寿経』というお経に説かれています。この王様夫婦とアジャセの物語は王舎城《おうしゃじょう》物語として続くのです。

「生まれた者どもは、死を逃れる道がない。老いては死ぬ。実に生あるものの定め。若い人も壮年の人も、賢者も愚者もすべて死に屈服す。見よ見守っている親族がとめどなく悲嘆にくれているのに、人は1人ずつ屠所《としょ》に引かれる牛のように、連れ去られる」

これはお釈迦さまの言葉です。人はいくら愛し合っていても、死ぬのは別々です。

「汝は来た人の道を知らず、また去った人の道を知らない。汝は死と生の両極を見極めないで、いたずらに泣き悲しむ」

人生というものは必ず死がある。どうして生まれてくるのか、どうして死ぬのか、縁起ということを説きます。人が生まれてくるのはみな縁である。善いことをすると、善い縁が出てくる。「米まいて米が生《は》ゆれば善に善、悪には悪が報ゆるとぞ知れ」という歌があります。米をまけば米ができる。豆や麦はできない。だから善い種をまけばよいのです。

縁というのは風のようなものです。風車は風が当たれば回り始めます。風はいつも吹いていますね。その縁を拾う人と拾わない人がいるわけです。愚かな人は、縁があっても縁に気づかないのです。

「釈尊への2大供養」

お釈迦さまは臨終間際に、自分の80年間の人生を振り返って、私は生涯に2つの大きな供養を受けたと言います。1つは、35歳の時に断食をして、骨と皮だけになって倒れそうだったところ、スジャーターという娘が乳粥《ちちがゆ》をくれた。それによって活力を回復して、悟りを得ることができたときです。

もう1つは、チュンダという信者が供養してくれたスーカラ・マッタヴァーという茸《きのこ》の料理の供養を受けられたときです。実はこれが原因でお釈迦さまは涅槃に至られました。

お釈迦さまは、茸の料理を見て私以外の者が食べてはいけないと命じました。腐っていたのか、他に理由があったのかわかりませんが、お釈迦さまは弟子に食べさせないで1人でいただかれたとあります。チュンダがせっかく用意をしてくれたその供養を無駄にするわけにはいかないというわけで、お釈迦さまがそれをいただく。そして他の者には与えず、違うものを食べさせる。その

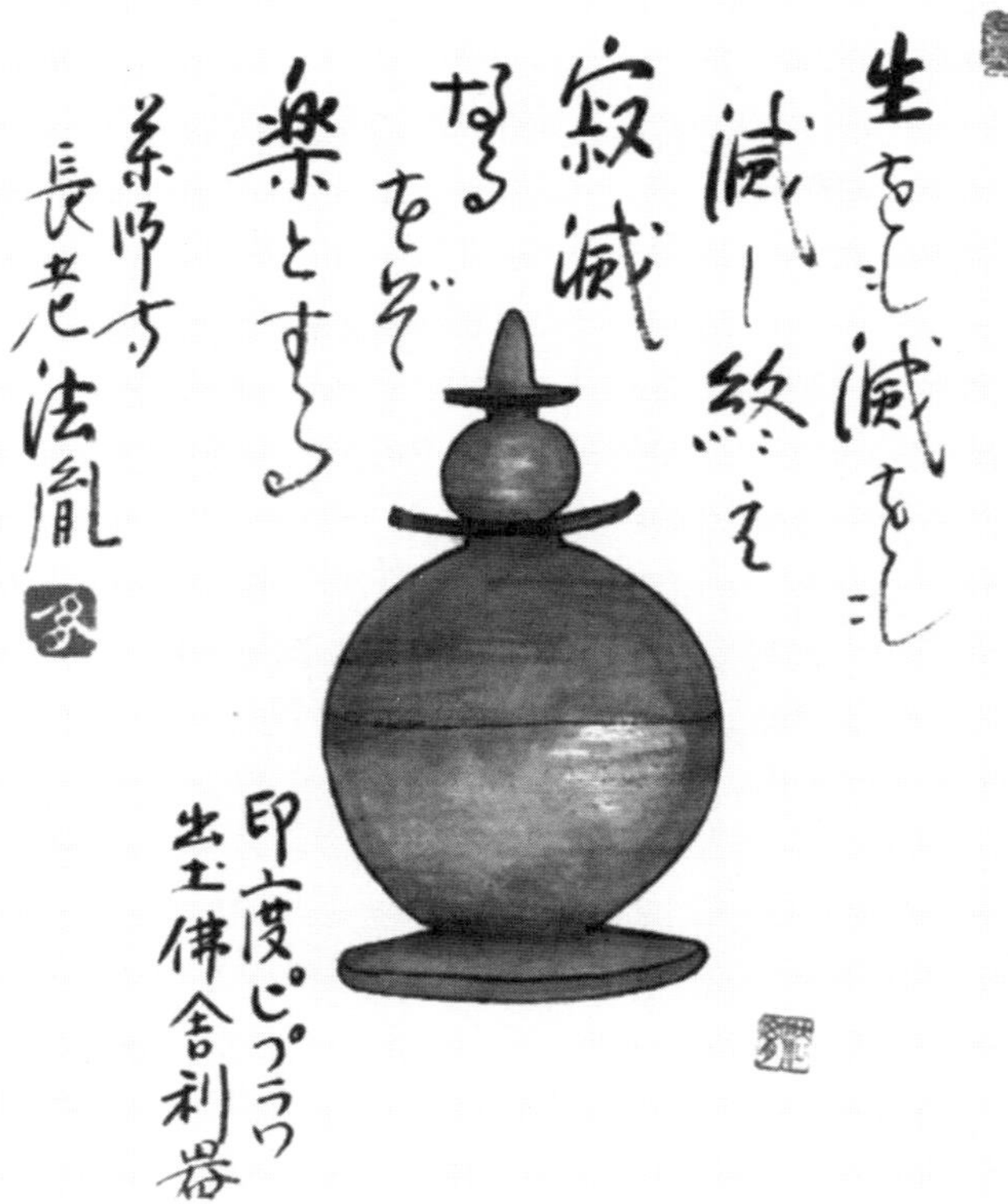

舎利容器

日から下痢をして脱水症状を起こし、クシナガラの沙羅樹の下で休むといいます。前述の通り弟子のアーナンダが、あんなものをチュンダが食べさせたからだと怒るのですが、お釈迦さまは、チュンダを責めてはいけない、チュンダの供養は私にとって大いなる供養であった。おかげで私は、涅槃という人生の終わりを得ることができたのだというのです。

これを私たちの身近な例で、お医者さんに当てはめるなら、かかったお医者さんがヤブであろうが、タケノコであろうが、その死を与えてくれるわけだから、感謝しなくてはいけないということになります。たとえ名医に診てもらったところで、どのくらい長生きできるか知れていますでしょう。東京まで出て行って、順番待ちでやっと診てもらって、それで寿命が3ヶ月伸びたところで、それが長い人生の中でどれだけ大事なことかというと、たいしたことはないと私は思うのです。だから最初に会った医師が最高のお医者さんだと思って、有り難うと感謝することができたら、これはお釈迦さまと同じことだといえます。

「怠るな、努力せよ」

そしてお釈迦さまの最後の言葉は、「諸々の事象は過ぎ去るものである。怠ることなく修行を完成しなさい」でした。臨終のご遺言が、「怠るな、努力せよ」、これだけです。

クシナガラのマッラ族は荼毘（火葬）を習慣としていましたから、村人たちは釈尊を火葬にしました。火葬したお骨は次の8つに分配されます。

(1) ピッパリ林のモーリヤ族
(2) マガダ国王の女《むすめ》の子（アジャセ）
(3) ヴェーサーリーのリッチャヴィ族
(4) カピラ城のシャカ族（釈尊の出身部族）
(5) アッラカッパのブリ族
(6) ヴェーダディーパのバラモン
(7) ラーマ村のコーリヤ族（母親の出身部族）

(8) クシナガラのマッラ族

分配された国の者たちはそれぞれにストゥーパ(佛塔)を建立して、ご遺骨をお祀りしました。

この200年ほど後に、マウリア王朝のアショーカ王がお釈迦さまを信仰され、佛教を全インドに広めるためにこれらのご遺骨(舎利)をいったん回収して、さらに多く分け84,000に分配します。この時に7つのご遺骨を集め、1つだけ残しました。それがカピラ城(カピラヴァストゥ)のお釈迦さまの故郷のご遺骨でした。

近年になって、そのカピラ城の発掘調査が行われ、舎利容器が発掘されました。ところがインドでは、出てきたお骨は要らないから佛教国に差し上げる、外の容器だけ欲しいということで、容器はデリーの博物館に収められました。ご遺骨はシャム国(現在のタイ)に贈られ、シャム国では同じ佛教国の日本にもご遺骨を分けようということで、日本にも贈られました。そのとき日本の佛教会ではこれをどこに祀るかを考えた上で、日本地図を2つに折ってちょうど

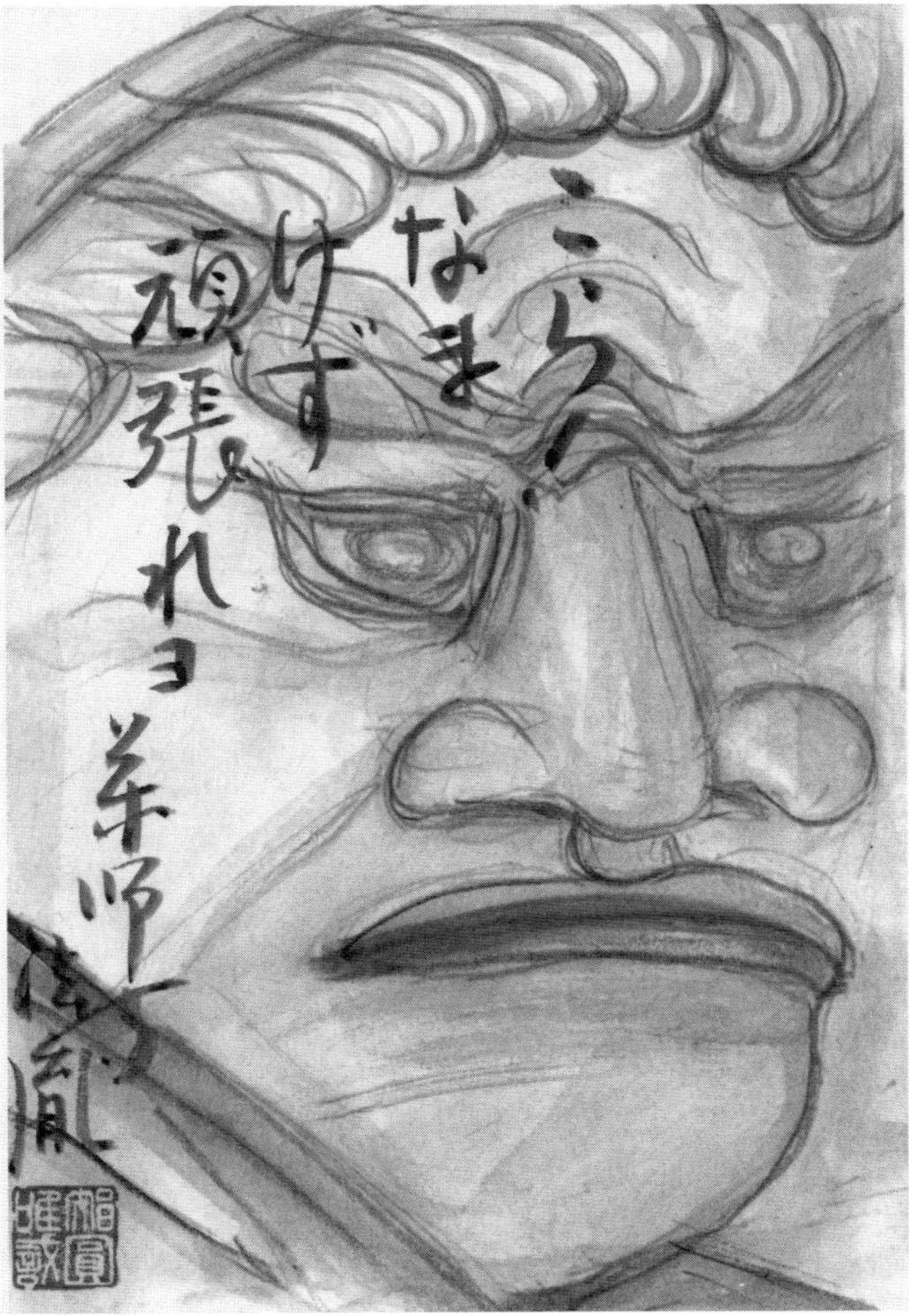

なまけず頑張れ

真ん中の愛知県がいいではないかということになりました。佛舎利は現在、名古屋の覚王山日泰寺《かくおうざんにったいじ》にお祀りされています。

以上がお釈迦さまの生涯のお話です。不完全で足りない部分がいくつもありますので、そこはさまざまな先生方の本を読むなどして補って下さい。

第3章　人育て

この章では人の心を育てる際に、
大切にしたい考え方を佛教から学びます。

「無意識の中の教え」

私たちには意識がなくても、無意識に体に染み込むことがあります。例えばかつて新幹線の喫煙車両に乗ったときのことです。私はタバコを吸いませんが、禁煙席が満席のときは仕方なく喫煙席に座ることがありました（令和２年より全座席禁煙。喫煙専用の室内でのみ喫煙可）。自坊に帰りまして、いつもは衣からお香の匂いがしているのに、喫煙席で３時間近く座っていると、知らない間にタバコの匂いが染み込んでいるのです。意識がなくても体に染み込む、この場合は衣に染み込んだわけですが、同じことが幼児教育にも言えると思います。幼児には意識がなくても、お父さんやお母さんのやっていること、話していること、態度、行動の総てが無意識の中に染み込んでいくのです。ここに家庭教育の基本があります。

とある小学４年生の子が書いた「運動場」という作文をご紹介します。

「運動場　狭いなあ狭いなあといって　皆が遊んでいる　朝礼の後　石を拾わ

されると　広いなあ　広いなあといって　拾っている」

人間の身勝手な心を端的に表している作文だと思います。運動場は大きくなった訳でも、小さくなった訳でもありません。身勝手な心によって、広く見えたり狭く見えたりするのです。人間は身勝手な心を家庭で育てたり、また生まれながらに持っているのです。子供の中のその心をどう変えていってあげるかということが教育の原点のように思います。

また以前には、ある高校で大学の合格実績を水増ししていたという話題がありました。我々が思いもしなかったことを学校の先生がやっているのです。何とかして自分の学校を良く見せたいという気持ちは解らなくはないですが、先生の心が汚れているからそのような発想が出てくるのです。こういった人間の身勝手な心を、佛教では「煩悩」と呼んでいます。その「煩悩」がどんどん大きくなると、体よりも大きく成長してしまいます。そういうことを教えるのが唯識《ゆいしき》を基本とする法相《ほっそう》宗の教えなのです。

「手を打てば　鳥は飛び立つ　鯉は寄る　女中茶を持つ　猿沢の池」とい

う歌があります。奈良に「猿沢池」という池があり、そこで手を叩くと、その手の音は同じですけれども、聴く人によって、それぞれ違って聴こえるのです。旅館の仲居さんが聴くと、お客が呼んでいると思い「ハイ」と返事をし、屋根に留まっている鳥は、生まれた時から恐怖心を持っているので逃げていくのです。そして池の鯉は、観光客がエサをくれるから、その音を聴いて「エサをくれる」と認識するのです。このように、システムはもちろん、社会的な法律や秩序も大事ですが、心がどちらへ向いていくのかは、心の問題ではないでしょうか。そんな風に私は考えるのです。

「親の恩」

お経は7000巻余りあるといわれています。沢山ある中でも、生活に密着したお経で、父と母の恩がとても重いと説いたお経『父母恩重経《ぶもおんじゅうきょう》』があります。その一節に「それより　母の懐《ふところ》を寝床となし　母の乳を食物となし　母の情《なさけ》を生命となす」とあります。「それより」とは生まれ落ちてから、子供は母の懐を寝床としているということ。私たちは布団を寝床にしていると思っていますけれども、懐が寝床なのです。お釈迦さまはそう説いています。そして「母の膝を遊び場となす」と。それはいつまでかというと2歳まで。「母の懐を寝床とし、その膝を遊び場とし、そして母の乳を食物となす」。この3つが「衣食住」ではないでしょうか。最後に「母の情」。「情」という字はいい字ですね。「こころが青い」と書きますが、「青い」というのは「幼稚」ということです。幼稚というと愚かのように聞こえますが、純粋という意味なのです。それ程お母さんが純粋に子育てする姿を「母の情」と呼んでいるのです。しかし「情」というのは、佛教では間違った感情なのです。「情」によって物の見方が狂ってくるからです。お母さんは子育てにおいて、どこの子よりも自分のお腹を痛めた我が子が可愛くて、1番純粋に心を注ぎます。子供をひいきしたり、あの子は良い子、この子は悪い子と決めていくのはみんな「情」なのです。子供は母の「情」を命として育つのですが、だからといって子供を中心に物を考えてはいけないと思います。

　私は、樹齢1500年という薄墨桜で有名な根尾村(岐阜県本巣市根尾谷)の出身です。そこで中学校3年生の途中まで育って、薬師寺の小僧になりました。ですから、岐阜には小学校・中学校の同級生がいます。時に、田舎に帰り同窓会に行きますと、今ではもう老人会みたいなもので、皆孫がいるわけです。私の親友にも幼稚園の年長

樹齢約1500年　根尾谷の薄墨桜

くらいの、かわいい女の子がいるのですが、食べ物にしろ何にしろ、1から10までいちいち不平不満を言うのです。憎たらしい子を育てているなと思うのですが、未熟で未完成な子供や孫を、主人か何かのように祀り上げて「子供は国の宝」と捉えるのが現在です。でも本当に「宝」にするためには、磨いて鍛えて、そしてできるだけ完成させていくということをしなければなりません。それを忘れていきなり「宝」となっているところに、今の子供に対する大人の間違いがあるように思います。経済が豊かになったから、与えられるものは何でも与えていますが、辛抱させないといけないと思います。そういうことを私は幼児期でやってほしいと思うのです。

「寺子屋の教育」

厳しさを教えるために、薬師寺でためは夏休みに3泊4日で「寺子屋」というのを行っています（令和2年、3年はコロナ対策のため中止）。毎年、小学生と中学生が120人から130人くらい集まります。ひもじさと厳しさを与えることがテーマですから、とても厳しく、食事も沢山は食べさせません。朝はお粥と漬物、梅干だけ。昼はうどんか素麺だけ、夜は一汁一菜でやっとご飯が食べられます。そして後は何もないのです。飲物も水とお茶以外は飲ませない。そのように徹底します。電話も家へはかけさせません。そして朝は4時半に起こし、『般若心経』を一緒に唱えるのです。どの子も帰る時は般若心経を憶えて帰ります。

　お寺では「食作法《じきさほう》」といって、食事の前に必ず「五観《ごかん》の偈《げ》」「六方礼拝《ろっぽうらいはい》」を唱えます。

「五観の偈」

一には　功《こう》の多少を計《はか》り彼《か》の来処《らいしょ》を量《はか》るべし
二には　己《おの》が徳行《とくぎょう》の全《ぜん》と欠《けつ》と多《た》と減《げん》とを忖《はか》るべし
三には　心を防《ふせ》ぎ過《とが》を顕《あらわ》すは三毒《さんどく》に過ぎず

四には　正《まさ》しく良薬を事として形苦《ぎょうく》を済《すく》わんことを取る
五には　道業《どうごう》を成《じょう》ぜんが為なり世報《せほう》は意《い》に非《あら》ず

「六方礼拝」

東を向いて　お父さんお母さんご先祖さま
南を向いて　人生こしかた先生
西を向いて　夫、妻、子供、兄弟姉妹《きょうだい》
北を向いて　友達
下を向いて　仕事を手伝って下さる人々
上を向いて　神佛《かみほとけ》
謹《つつし》みて六方《ろっぽう》を礼拝《らいはい》し奉《たてまつ》る
よろこびと　感謝と　うやまいの　こころをもって　いただきます

寺ではこれを朝・昼・晩に唱えますので、子供たちは帰るときにはしっかりと憶えてしまい、家や学校で、そしてレストランへ行って食事をするときに「食作法」を唱えるそうです。そうすると、親が「格好悪いからやめなさい」「お金を払っているから拝まなくていい」と言うそうです。お金を払っていることと、食べ物に感謝することは全然違うのに。大人の考え方が、すでに間違っているのです。

「家庭の中心を考える」

薬師寺というお寺は、1300年以上の歴史があります。第40代の天武天皇がご発願されて、第41代の女帝、持統天皇が完成されたお寺です。その天武天皇は『日本書紀』で、「家ごとに佛舎を祀り、経論を安置して祈りなさい」という詔《みことのり》を出されました。これが、日本の文化の1つとなって継承されたことで、かつてはどの家庭にも佛壇と神棚が安置されたのです。ところが、ここ何年もの間に、一戸建てに住みたい、お年寄りと離れて核家族になりたいという理由で、どんどん小さい家になったり狭い家になったりして、佛壇や神棚が祀られなくなってきました。

今、修学旅行生に、家に佛壇や神棚があるかを尋ねると、半分以上はありませんと答えます。だから子供たちには、何故こうして佛さまを拝むのかがわからないのです。「なんでこんな汚い佛さんを拝むのか」と思うようですね。しかし、私たちにはご先祖さまや、もっと昔に日本を作ってくれた先輩がいること。天がある、宇宙がある、太陽が私たちに恵みを与えてくれていること。つまり、人間以上のものがあるということを幼稚園くらいまでに教えてもらえると良いと思います。習慣として身に付いていないのに、大きくなってから理屈を言われてもわからないのです。

毎年7月26日は竜神さまのお祭りです。竜神さまは雨乞いの神様です。天気がよかったときでも法要をしていると雨が降ってくるときがあります。農業をする人たちにとっては霊験あらたかなことだと思います。

「雷」という字は、雨に田と書きます。雨が1番必要な7月の日照りの頃、田に雨を注いでくれるのは神さまだということから「神鳴」と書くのです。そしてそこから来る光が稲を実らせると考え「稲妻」と書いたのです。ですから、雷が鳴って光ってくれるということは天の「おかげさま」なのです。ところが今の日本人は、お米は誰が作っているかというと、お百姓が作っていると思っています。確かに、

手を合せ拝む躾は家庭から

種を蒔いたり草を引いたりはしますが、本当に作っているのは大地と太陽と、水と風なのです。人間は天地自然の恵みの中で、お手伝いをさせてもらっているに過ぎません。そういう気持ちで育ってきた心が本来の「日本人の心」でした。1年に1回しかお米が採れないので、チャンスを逃さないように大事にしたことで、生活がきちんと出来るようになりました。地下資源のない日本は、真面目に大地を耕して、種を蒔いて、肥料をやって手をかけて育てていくことにより、秋には実りがあるのです。この地球が狂わない限り、繰り返しさえすれば日本という国は永遠に生きられる国です。地下資源を持つ国は、あまりにも簡単に資源やお金を手に入れることができるため、喜びや感謝の心が育たないのではないでしょうか。しかし、明治以降、私たちは「進んでいる」という理由で、西洋の文明とともにその心も取り入れ、今日に至りますが、これからの時代はもっと違うことを考えて、「心を育てる」ということを中心にしていく教育が必要ではないかと思います。

「骨太に育てる」

人間の肉体の最も大事な所を「根」といいます。「心根《こころね》」や「根性」という言葉があります。「根」というのは「骨」のことです。昔は「秀根《ほね》」と書いたそうです。今は、骨が弱くなっているようです。しかし、人間の肉体で1番肝心なのは「骨」なのです。なぜなら、血液を作っているのは心臓ではなく骨なのです。ですから腰骨をしっかり立てさせるということを幼少期のうちに是非やってほしいと思うのです。勉強も大切ですが、1番大事なのは体をつくることのように思います。

体と心は別ではなく、1つです。体を修練・鍛錬することを通して心が鍛えられていきます。また持続性がないものを持続させるのは心です。体が心を鍛え、心も体を鍛えさせていきます。身心を鍛えるということは「辛抱」や「忍耐」という言葉になります。これはとても大切な言葉だと思います。これらの言葉の延長線上に「我慢する」という言葉がありますが、佛教でいう「我慢」ととは「煩悩」です。自分を偉いと思い、変なプライドを持って主張していくことですから、間違った使い方になります。

私が育った戦前・戦中・戦後には、塾など見たことがありませんでした。思えば、私が小学生・中学生の頃は山と川にいましたので、ほとんど勉強などはしていませんでした。手を掛けたら良くなるという考えは間違いです。頭も大切ですが、体のことも考えていただきたいと思います。「健全なる精神は健全なる身体に宿る（ユウェナリス）」といいますね。ピアノやオルガンなどの楽器を使わなくても、私たちには生まれ持っている楽器があります。何かというと手拍子です。これが世界共通の1番美しい音なのです。元気な子供を育てるには、手拍子と足拍子でリズムを作ってあげて、皆で一緒に歌ったり踊ったりすることが大切だと思います。そして私の経験から「腰骨立てた良い姿勢　返事は短くはっきりと」を毎日繰り返していくと、子供の姿勢がおのずからしっかりとし、返事も態度も良くなっていくように思います。

『万葉集』の中に、山上憶良《やまのうえのおくら》の歌があります。この方は役人であり、遣唐使として中国にも行った人で、「貧窮問答歌《ひんきゅうもんどうか》」という庶民が生活に苦しむ様子を詠んだことで知られています。「銀《しろがね》も金《こがね》も玉も何せむに勝れる宝子に及《し》かめやも」（巻5・899）と詠み、1300年ほど前に「子供が宝」と考えていました。もう1首「すべもなく苦しくあれば出で走り去《い》ななと思へどこらに障《さや》りぬ」という歌があります。万策が尽きてすべも無く、もうこれ以上生活できないから「いなな」、つまり死んでしまおうと思ってふと振り返ると、子供が2人も3人もいるのです。親がいても苦しいのに、その親が死んだら子供はどうやって生きていくのか、と嘆く歌です。今、身勝手な親が身勝手なことを考えることが本当に多いように思います。言いたいことは沢山あると思いますが、いつの時代も厳しかったのです。厳しい中でふと振り返ると子供がいる。その子のために考えを改める、そういう気持ちを詠んだ良い歌だと思います。

「食生活について」

「まほろば」という言葉は、「ま」は「真」、「ほ」は「秀」、「ろ」は接尾語で、「ば」は「場所」、つまり「素晴らしい所」「優れた所」という意味です。それがどんな所かというと、お米をはじめとする五穀が採れる所なのです。「素晴らしい」というのは「実りがある」ということ。それは、飢え死にしない国家を作りたいということです。「食べることぐらい」と思う人が多いかもしれませんが、今「食」ということが大きな問題になっています。人が生きるためには「食」が大切なのです。その五穀の採れる場所が素晴らしく、五穀を代表するのが「稲穂」だということで、「ほ」は「穂」とすることもあります。「稲」のことを「米」といいますが、万葉言葉では「よね」と読みます。「代《よ》の根っこ」です。私たちは肉よりも米をベースにして生きましょうということです。

私は今まで多くの国へ行ってまいりました。米が沢山採れる国にも行きましたが、何処の米が美味しいかというと、日本の米が1番美味しいと感じます。

何が違うのかというと太陽が違うのです。昼間の暑さが美味しいお米を育てるのではないでしょうか。私たちは暑いと不平不満を言いますが、小林一茶は「米国《こめぐに》の　上々吉の　暑さかな」と感謝しています。暑さにも、寒さにも感謝できる心は、天地自然を相手に米作りなどをしてきた農耕民族だからこそだと思います。

地下資源の豊富な所で、苦労もせずにそれらを手に入

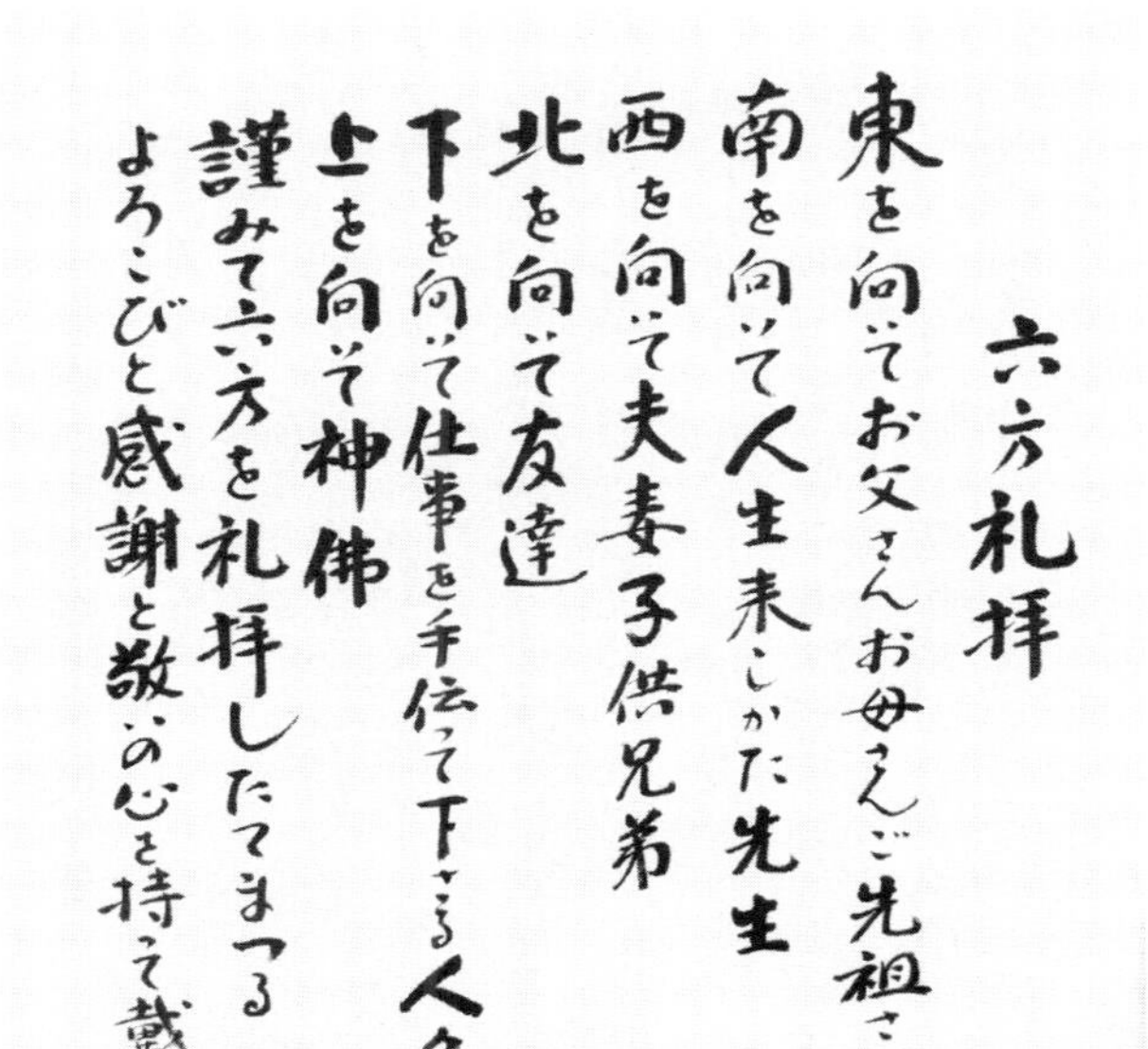
六方礼拝
東を向いてお父さんお母さんご先祖さま
南を向いて人生来しかた先生
西を向いて夫妻子供兄弟
北を向いて友達
下を向いて仕事を手伝って下さる人々
上を向いて神佛
謹みて六方を礼拝したてまつる
よろこびと感謝と敬いの心を持って戴ます

六法礼拝

れられたら、このような心は育ちにくいのではないでしょうか。

「思いやりを忘れていませんか」

今の社会に足りないのは、思いやりの心ではないかと思います。『論語』に「仁者寿し《じんしゃいのちなが》」という言葉があります。仁は天皇家の精神の基でもあります。上皇陛下も昭和天皇さまもお名前に仁という文字がありますます。仁とは2人以上という意味で、自分のことではなく相手を思いやる心をいいます。上皇陛下は天災の被害を受けた方を深く思いやられます。災害の被災地にいち早く訪問され、また広島の平和記念公園で「70年前にご苦労を掛けました」というお気持ちを素直にお持ちになっていらっしゃいました。常に相手を思いやるこの精神がおもてなしの心です。オリンピック招致成功以来、随分とおもてなしという言葉を聞くようになりましたが、今の日本人の心の中には本当のおもてなしの心がわかっているのかと心配です。

人間はさほど賢くなく、便利なものを作り出したつもりでも後で害になるものが多く、それが温暖化であり、空気を汚す排気ガスなどの公害問題になります。さらに古くなったものを捨てる時に大変苦労します。作ったものを壊す難しさを考えると、これ以上物を作ってはいけないのではないかと思います。これからは人間の心を育てないといけません。

アインシュタインは奈良を訪れた時に「近代日本がここまで発展したのは他の国にないものがあるからである。それは日本の心だ。その日本の心は奈良に有る」とおっしゃったそうです。

日本の心とはなにかと考えると、その１つは鑑真和尚にあります。鑑真和尚は唐の国から大変なご苦労をされて日本にお越しになられ、唐招提寺をお建てになられたことはよくご存じだと思います。お寺が建ち、その名前を決める時に、鑑真和尚がおっしゃいました。「すでに六十六歳の私が日本を良くするような大きなことは出来ない。私には、日本の若者を教えることはできる。そんな若者を招き、教えることは出来る。その若者達に教えと場所を提供することをしたい」とおっしゃいました。これが「招提」という意味です。高田好胤管長は自分が日本を変えるのではなく、若者が明日の日本を背負ってくれるんだという信念のもと、修学旅行に来られた学生さんに法話をされました。私達が日本の若者に1番しなければならないのは育てるということです。親や先生を敬う心、周りの人達を大切にする心を育てないと、ものがいくらあっても使い方を知らなければ何の意味もありません。

「体験の教育」

北海道のオホーツク海では冬になると流氷がぶつかって音が鳴るそうです。北海道に住んでいたある小学校の子供さんがご家族の関係で大阪へ転校になり、大阪の小学校へ行くことになりました。その小学校で「氷が解けたら何になるか」という試験があったそうです。その答えは皆、理科で習った通り H_2O（水）と書いたそうですが、北海道からやって来た子供さんは「春が来る」と書いたのだそうです。その答えは間違っているかもしれませんが、生活の中で考えると、「氷が解けたら春が来る」といつも言っていたお父さんやお母さんの日頃の気持ちがこもっています。また、寒い北海道に住んでいたという生活環境がわかってきます。これを法相宗の教えでは「熏習《くんじゅう》」と教えています。この「熏」とは染み込んでくるとい

無意識の内に侵み込む（熏習のこと）

うことです。ですから、北海道で生活していると、「氷が解けたら春が来る」ということを自然と教えられ、子供心に染み込んでいたのでしょう。千利休《せんのりきゅう》が茶の湯の心得として広めた歌に「花をのみ　待つらん人に　山里の　雪間の草の　春を見せばや」（藤原家隆）という歌がありますが、都会では春というと花ばかり待っていますが、雪の間から出てくるフキノトウなどは春の力強さを感じるものです。それぞれの土地に居ると、心の中に染み込んでいるものがあります。この「熏習」こそが家庭生活の最も大事な人間形成の要素と言えるでしょう。

「新熏種子《しんくんしゅうじ》」

人間というのはどこから生まれてきたのか、誰が作ってくれたのかと考えてみると難しい問題です。私という人間は両親が作ってくれたように思いますが、両親が人間を作るほどの能力があるかどうかというとなかなか難しいものです。しかし、両親が作ったのではなく、両親を縁として私が生まれた、お父さんとお母さんがいなかったら私は存在しなかったと思うと、これは縁をいただいているということなのです。さらに、そのお父さんとお母さんにまたお父さんとお母さんがいて…と調べて10代さかのぼると先祖の人数は１０２４人になるそうです。その父母のどの１人でも欠けていれば私は生まれて来なかったのです。さらにさかのぼると何万というお父さんとお母さんが縁になって私が存在しています。私が生まれて来るまでに何万ものお父さんとお母さんの縁《えん》が「種子《しゅうじ》」となって入り込んでいるのです。私が存在するということには不思議なことがたくさんあります。私は自分１人で自分を作ってきたのではなく、たくさんのご縁をいただいています。そうすると、私たちはもともと持っていた「種子」をずっと背負ってきているのです。これを法相宗では「本有種子《ほんぬしゅうじ》」と言います。この「種子」は死んで肉体がほろんでも、次の命へと続いていくというのです。また、私たちの心は新たな縁によって「熏習」を受けます。これは新しい「種子」が熏じられたので、「新熏種子《しんくんしゅうじ》」と言います。このように、私たちの心の中では、「本有種子」と「新熏種子」が混ざり合っているのです。さらに、この混ざり合った「種子」は次の縁によって変化し、新たな「種子」となります。この変化を唯識では「現行熏種子《げんぎょうくんしゅうじ》」と呼んでいます。この「現行」した「種子」が熏習されることによって、また新たな「種子」が生じ、熏習されることになります。この繰り返しを、「種子生現行《しゅうじしょうげんぎょう》（種子によって現行を生ずる）」、また「現行熏種子《げんぎょうくんしゅうじ》（現行によって種子を熏ずる）」と言っているのです。

このように、人間は過去の「本有種子」と新しい「新熏種子」を持っているところに縁が加わっていろいろなことが起こってくるのです。これを佛教では「縁起《えんぎ》」と言います。「彼あるが故に我生じ、我あるが故に彼生ず。」としてお互いが関わり合っていくというのが、「縁起」という世界です。そうすると、腹が立つというのも縁によって起こってきます。ちょっと悪口を聞くだけで、私たちは気分を害し、仕返しをしてやろうという恨みが心に生じます。それだけではなく、「己の心に背くことあらば、すなわち怒る」とあるように、人間は

合掌の姿

自分の心に思っている以外のことが起こるだけで腹が立つのです。江戸時代の小林一茶という人は江戸から故郷の信濃《しなの》へ帰ると、遺産の相続問題があり、故郷での居心地が良くなかったそうです。その時に「故郷《ふるさと》や　よるもさわるも茨《いばら》の花」という句を詠んでいます。薔薇のように美しい、香りも良い故郷なのに、近づいてみると、チクッとトゲがあるというのです。そのような心を持ち合った人間同士がブログやSNSで悪口や批判をしているのが現代社会であるともいえるでしょう。一茶は環境によって変化する人間の心を上手く表現しているように思います。

このように、人間の心を発見し、研究したお方がお釈迦さまでありました。さらに、その心を深く深く分析したのが、法相宗の教えであると言えるのです。

「教育以前の教育を！」

「見てござる」。この教えは、故高田好胤管長の好きな言葉で、よく法話で語っておられました。私は、管長の法話にすっかり説得され、「見てござる」は素晴らしい佛教の基本だと思いました。小学生、いや幼稚園児から老人に至るまで、誰にでもわかる大事な教えです。難しい佛教の宗派や教義の理屈は言わなくても佛教の実践は「見てござる」の生き方に尽きると思います。こんなに素直で誰にでも受け入れられる教えを、私は実家の母に贈り、山田家の家庭教育にと思いました。管長さんにお願いして「見てござる」と揮毫していただき、そのままでは悪いと思い、表具師にお願いし扁額に仕立てて実家に送りました。佛壇の上に掲げて家の宝物となったのですが、その日は残念なことに、母の他界した日でもありました。私達兄弟姉が皆集まって、母の夜伽《よとぎ》をしたのですが、その席で「お母さんはもうこの世におられないけれど、今日からはこの『見てござる』がお母さんやなあ」と話し合いました。お母さんの肉体は現実に存在しないけれども、今度は形のない世界から私達子供を見て下さっています。まさに「見てござる」です。そう思って生活するとお母さんがいつも自分のそばにいてくれて淋しさがなくなり、逆にいつも自分と一緒にいてくれるという心になります。一休さんの言葉と記憶しているのですが、

「今死んだ　どこへもいかぬ　ここに居る　訪ねはするな　ものはいわぬぞ」

こんな道歌を思い出し、辛いことがあったり腹の立つ時は、お母さんが見て下さっていると思うと心がなごむのです。

さて、昨今の日本は口を開くと「教育が悪い、学校がおかしい、先生が問題だ、社会が悪い……」とまわりを批判する言葉が散見し、青少年問題を論じています。どれもこれももっともな意見ですが、これによって青少年の心が良くはなりません。むしろ悪くなる一方です。これからも恐ろしい事件が起こることでしょう。陰湿な「いじめ」、ストーカーや保険金詐欺、想像もつかない殺人事件、これらの起こる原因は、家庭教育とか学校教育という教育以前の教育が問題ではないでしょうか。

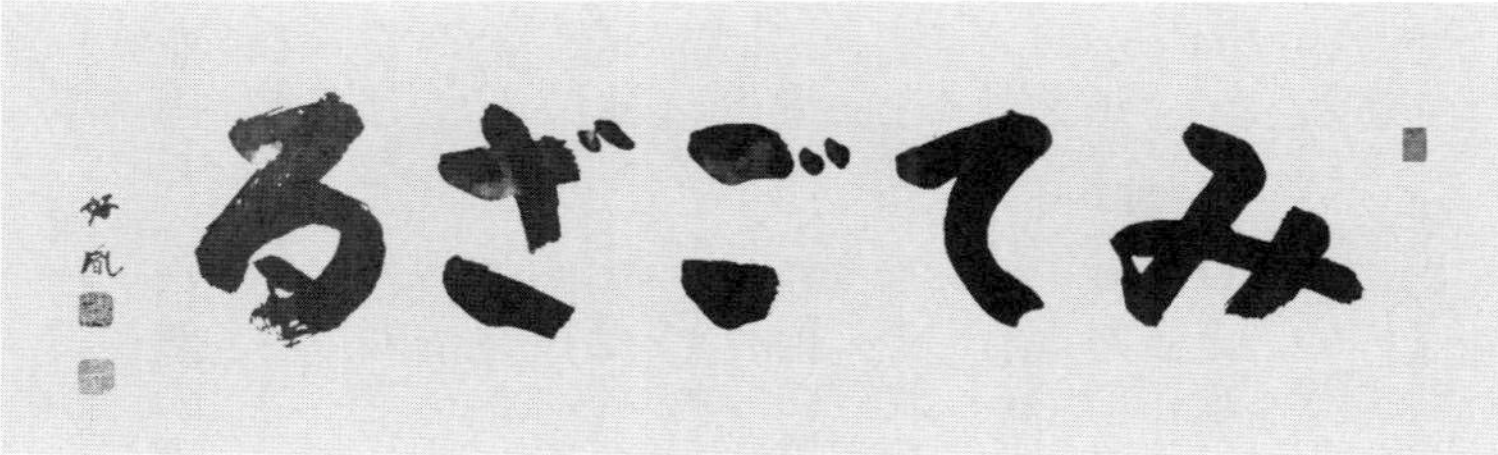

見てござる（高田好胤管長筆）

見てござる

日本の国は、かつては勤勉で働き者「喰うことよりも義理人情、先祖のおかげを感じ、自然の恵みに感謝し、親孝行は子供の義務」といった風土があったのです。ところが戦後は、経済という物を中心にした日本の風土になってしまいました。この空気がいつのまにか日本人を、金さえあれば幸せになれるという心にしてしまい、そこへ生まれ育った子供達は、お金が全てという「熏習」を受け、体中がお金主義、自己中心主義に育ってしまう。この日本の空気を入れ替えることこそが、今の社会に急務ではないでしょうか。経済も大切ですが、やっぱり目に見えない天地自然の大きな力によって生かされているという空気を育て、それを喜び、感動する心を教育以前の教育としなければなりません。現に有珠山《うすざん》(北海道伊達市)の噴火1つをとっても、大自然の力の前に人間が如何に無力であるかを知ることができます。人間よりももっと偉大で大きな力、目に見えない不思議な力のあることを受け入れ、私達を生かして下さっているのだということに目覚める教えがいっぱいある日本の風土に変えたいものです。その1つが「見てござる」の教えではないでしょうか。

「辛抱する心を育てよう！」

最近のニュースを観ていると、どうしてこんな大胆なことができるのかと、目や耳を疑いたくなる事ばかりです。たとえば子育てに疲れたという母親が、熱湯をわが子にかけて折檻《せっかん》する。これも常識では考えられない行動です。こんなニュースは挙げればいくらでもあります。どう考えても日本人の心が病んでいるとしか言いようがありません。子供だから、大人だからという問題ではなく、日本の社会が異常なのです。でもこの日本の国に鬼が住んでいる訳ではありませんし、蛇がいるわけでもありません。平素は、どの街にも村にも普通の善男善女が生活しているだけなのです。この普通の人間のどこかに悪魔が潜んでいるのです。古歌に「恐ろしき鬼の住処《すみか》を尋《たず》ぬれば、邪見な人の心にぞ住む」という歌がありました。この邪見という心が起こった時、人間は突然変身して悪魔となるのです。この悪魔になる心を恐れて、日本人は随分智慧を出し、小さいときから辛抱という訓練や教育をするのです。これは、徐々に続けてやらないと育ちませんし、すぐにもとに戻ってしまうものです。道歌に「日々に掃きはすれども掃ききれぬ、心に積もるちりのかずかず」とあります。この「ちり」が恐ろしい悪魔に育っていくのです。

佛教は人間の心を田畑に例えて教えています。お経の一説に「田畑は雑草によって損なわれ、人の心は貪欲によって損な

忤（さから）うこころを整える

われる」とあります。田畑を休耕田にしておくと、みるみるうちに雑草が生い茂ります。3年も放置したら足を踏み入れるのも恐ろしい荒れ地となり、蛇や毒虫が住み着きます。人間の心もこの田畑と同じだとすると、小さいときから子供の心を耕さないと、ペンペン草が生えるように子供の心を損なっていくのです。まだ小さいから、まだ小学生だからといって甘やかしていると、その子供の心には恐ろしい雑草が生い茂ってしまうのです。子供の時から耕さないで放置し、中学生くらいになって躾けなければと思って注意しても、もう遅いのです。鎌や鍬が入らなくなり、少し刈ってもすぐ生えてきてしまいます。それが娘の反抗となって、家に火をつけるという暴挙に出るのです。

まだ小さいからといって、子供の言いなりに欲しいものを与えることは、田畑に肥料をまいて雑草を育てているようなものです。田畑という心を辛抱強く耕し、毎日の生活の中で欲望という雑草を引き抜くという積み重ねを心掛けねばならないのです。道歌に「堪忍の袋を常に首にかけ、破れたら縫へ破れたら縫へ」とあります。こういう家庭教育をすれば日常生活の中で辛抱する心が育ち、少しぐらい腹が立つことや気に入らないことがあっても、辛抱することができるのです。昨今のニュースの中で起きている青少年の大事件は、辛抱する心を育てていれば未然に防げるような気がするのです。

「もったいないの心を育てる家庭」

「もったいない」という言葉は、現代では死語といえるほど使わなくなりました。戦後の日本は「もったいない」「バチがあたる」「おてんとうさまに申し訳ない」こういった言葉が流行語のように使われ、生活の中に溶け込んでいました。私の亡き母や師匠の橋本凝胤師は口癖のように、何かあると「もったいない」と注意しました。ご飯粒を床に落としたら拾って食べるのはあたりまえのことで、落とすこと自体も食べ方が悪くて行儀がなっていないと叱られたのです。

掃除の後、雑巾バケツの水を捨てるにも、師匠は植木や庭の苔に撒けば植木も喜ぶ、水も生きると教えてくれました。私の小僧時代はこんな環境の寺でしたから、「もったいない」といえばそれだけで何の説明も理屈もいらなかったのです。「もったいない」はそのまま「もったいない」として理解していたのです。

日が昇るまで寝ているのは「おてんとうさまに申し訳ない」、人のいないところに電気をつけておくことは「バチがあたる」、こう

天地（あめつち）のめぐみに感謝々々

いう生き方が日本の戦後でした。我々の時代はこういった環境が身に付いていましたから、現在の生活に不平や不満は感じないのです。しかし、現代の若者には「もったいない」という心を教えないので不平と不満で一杯になっているように感じます。中学生や高校生はこれらの言葉に接することがありませんから、「もったいない」がわからないのはあたりまえであり、ご飯粒が床に落ちたら「汚いバイ菌がついている」と言うのです。人が通らない暗い廊下の電気を無駄だと思い消すと、「段差につまずいて怪我をするから消すな」と言われます。

先日、中学生に「『もったいない』ってどういうことですか」と質問されました。説明するのに困り、例として立派な鯛を1匹もらった話をしたのです。「私のようなものにこんな立派な鯛をいただいてもったいない。こんな立派な鯛を食べるのはもったいない。かといって神棚にお供えして古くなるのはなおもったいない……。」しかし、こんな説明を繰り返していても「もったいない」の説明になりません。若者に笑われるばかりです。でも、我々は「有り難くてもったいない」と思うのです。鯛は人間に食べられるために育つのではなく、又大きくなったわけでもないのです。それを釣り上げ、私がいただくことが有り難く、感謝の心が湧いてくるのです。こういった気持ちは、子供の頃から家庭生活の中で習慣として身に付くことが大切です。

「地球を愛する心を育てよう！」

「形見とて　何をか残さん　春は花　山ほととぎす　秋はもみじ葉」

この歌を見たとき、若い私は、良寛さんは消極的だという印象を持ちました。隠遁《いんとん》的佛教者の無欲の精神論です。しかしよく考えると、この歌は自分に厳しく、無駄をしないということです。現代は、人は自分に優しく、辛抱したり耐えることをしないで、寒ければ暖かく、暑ければ涼しくというように、全て自然を破壊する生き方をしています。人間だけが便利で幸せになることを考え、自然を冒瀆《ぼうとく》しています。そういう観点からすると、良寛さんは、最も大切な自然保護の問題を詠んでおられると思います。今日、地球環境をどこまで守れるかが次代の課題となっています。人間が楽をするための農薬汚染、砂漠化、水の汚染、地球温暖化、消費経済によるゴミ問題、こういった地球環境に関する問

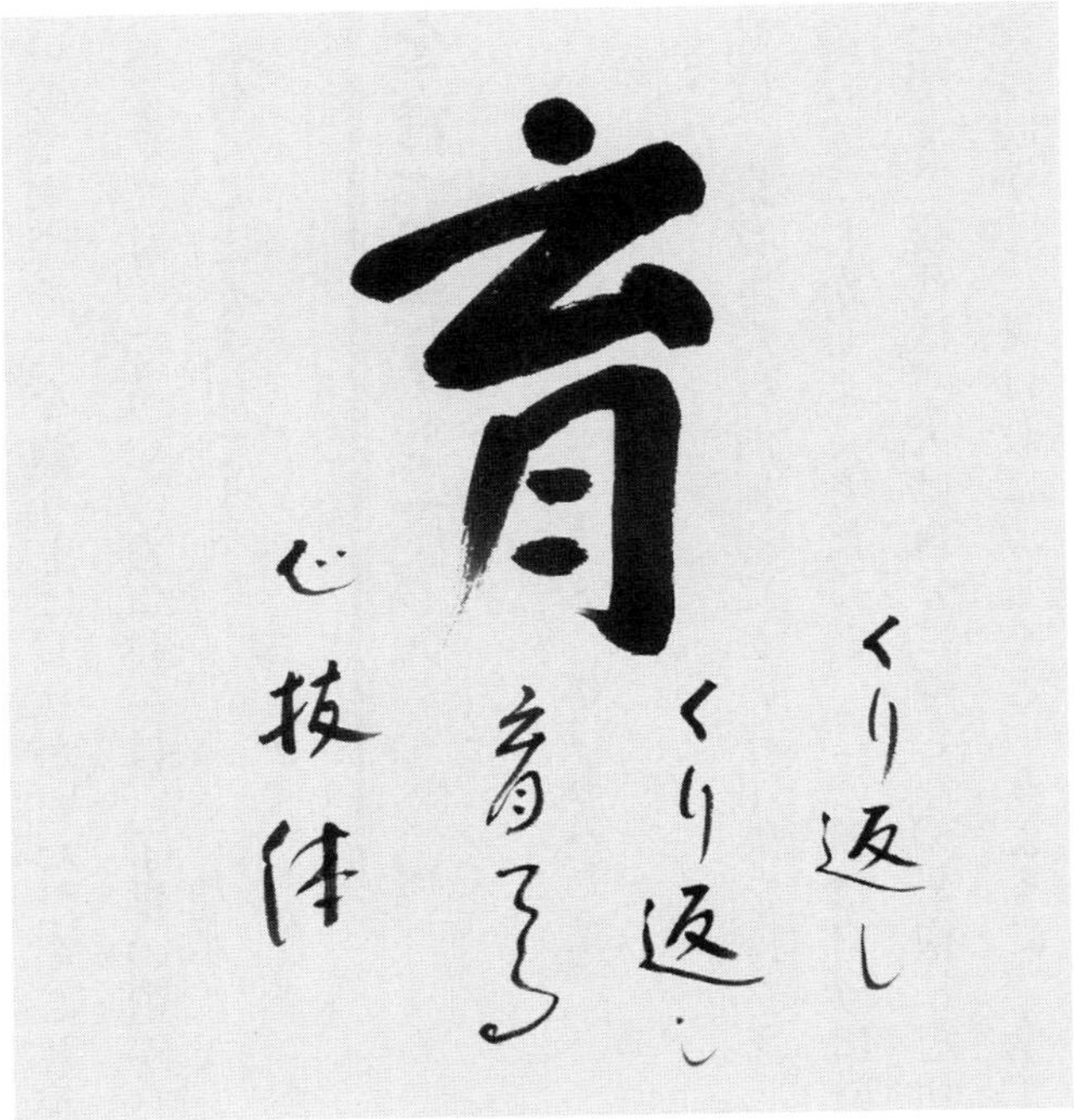

くりかえし育てる

題は、何１つ解決していません。

良寛さんは３００年も前に、自然を大切にすることを生活の基本にした生き方をしたと言われています。

未来の国造りについて未来学者は色々考えますが、そんなものは良寛さんの三十一文字《みそひともじ》（短歌）の中に答えがあります。要するに無駄な生活をやめ、人間の欲望を慎み、自然と共に生きる努力を考えればよいのです。

近い将来にやってくる地震対策として、少し慎みのある生活を心がければ、人間は精神的にも体力的にも強くなり、山ほどの公害問題を解決できるようになります。中国大陸から飛んでくる黄砂による被害も、中国の近代化がもたらしている大陸の砂漠化が原因なのです。

人間という欲の深い動物には、何を与えても満足することはありません。佛陀は人間の欲望について「１人の人間の欲望を満たすのに、ヒマラヤを黄金と化して与えても満足させることは出来ない。人間の欲望は海の流れを飲むが如し」と説いておられます。

70億を越える地球人口の1人ひとりが日本人のような消費生活を営んだとしたら、国家はおろか地球を破壊することになります。これこそ人類の滅亡です。軍国主義とか国家主義とかいう問題よりも、良寛さんのように慎みのある生活をして、豊かな自然を形見として未来へ伝えることを考える教育と、政治を進める哲学が求められているのです。

「能く生きる！」

「花無心にして…」というこの言葉は、良寛さんの漢詩の1節です。全文を紹介すると、「花無心にして蝶を招く　蝶無心にして花を尋ねる　花開く時蝶来たり　蝶来る時花開く　吾も又人を知らず　人も又吾を知らず　知らずして帝則に従う」これが全文です。自然の中の花と蝶の関係には、有心（私という心）はなく、共に無心に与え合っている。これが自然の営みであるという教えです。

この自然のあり方こそ「能《よ》く生きる」ということです。人間は、愚かな知識を持っているから、医師は人を長生きさせる事が大事だと考え、延命治療に命をかけてそれを目的にしています。日本は世界一の長寿国になりましたが、それで国は幸せになったのかよく考えるべきでしょう。国民の全部が１００歳まででも、１２０歳までも生きたら、社会はどうなるでしょうか。「能く生きる」ということは、桜は桜として厳しい冬を乗り越え、春になったら精一杯美しい花を咲かせ、そこに小鳥や蜂が来て蜜を与えてもらうことです。これが桜の生き方であり、そこに人が見に来てくれたとか、見に来なかったということではありません。

人間はすぐ、自分のしていることが善だとか悪だとか、価値が有るとか無いとか評価しますが、自然の営みにはそういった倫理観も道徳観もないのです。鳥は鳥、草木は草木として精一杯生きているのです。地球全体の生きとし生きるものが、精一杯に生きる生き方へ立ち返るべきではないでしょうか。

皆幸せに

「こころの復興」

俊乗房重源《しゅんじょうぼうちょうげん》という方は、鎌倉時代に東大寺を復興した方です。治承4年（1180）12月28日、平清盛の命令で平重衡《しげひら》が奈良の寺を焼き払いました。興福寺はほぼ全焼、東大寺は伽藍の大半を失うとともに、その象徴たる大佛さまにも甚大な被害が及ぶことに。『平家物語』では、この南都焼き討ちの情景がリアルに描かれています。

それを現代に当てはめるならば、平成23（2011）年の3月11日、東日本があの突然の地震と津波によって襲われ、未曾有《みぞう》の大惨事になったことが挙げられます。本当に被災された方々のご苦労はいかばかりか、なぐさめの言葉がありません。

平家と源氏の戦いは12年間続いて、平家は壇ノ浦で敗れました（元暦2年〔1185〕）。これによって建久3年（1192）、源頼朝は鎌倉幕府を造りました（1185年説あり）。頼朝は焼け野原となった大和の復興は、大佛を復興することによって日本の心を復興しようではないかと考えました。しかし、この大佛殿再建は頼朝が命令したからと言って出来るものではありません。そこにはやはり信仰がなければいけないということで、俊乗房重源上人が大勧進職に任命されました。

重源上人は、奈良時代の行基菩薩と同じように、全国を行脚して勧進につとめると共に、民衆の教化・救済などの社会事業をなされ、東大寺の復興のために尽力されました。

東大寺造営のために周防国《すおうのくに》が杣山《そまやま》として与えられ、そこで伐採された材木を筏《いかだ》に組み、瀬戸内海を渡り淀川を登り、上流の泉川に着けた、そのことから泉川から「木津川」に名前が改められたのです。

このように鎌倉時代は、源平の争乱のあとの復興という、日本の国の時代が大きく変わった社会情勢でした。

二宮尊徳が「半面を見て全面を見ない者は半人前の見識である」という格言を残しています。50年前の日本人は、地下資源のない石油のない国は原子力発電がいいということで、原子力発電所はエネルギーを創り出すためにいい物だと、誰もが認めました。

ところが、50年以上が経ち、あの大津波がきて原子力発電所が壊れるということを、私達は思ってもおりませんでした。そして、壊れるとそこから出てくる放射能が空気を汚し、大地を汚し、水を汚しました。この反面を見て、もし原子力発電所を取りやめるならば、日本の経済はどうなっていくのかと、また問題が起こってきます。環境庁は手も足も出ない状態です。

今、こういう時代だからこそ、鎌倉時代の復興のときのように新しい文化が芽生えるような努力をすることに期待したいものです。

「受け入れる忍耐と変える勇気」

私たちが21世紀を生きる中で、最も考えなければいけないことは何でしょうか。

ある神父さんの言葉に、次のような言葉があります。

「神（佛）よ、吾れに与えたまえ。変えてはならないものを受け入れる忍耐。そして、変えなければならないものを変える勇気。その両者を識別できる智慧を与えたまえ。」

現代の日本人は、「変えてはならないものを受け入れる忍耐」と「変えなければならないものを変える勇気」、この両者を識別できる智慧が求められていると思うのです。

日本は明治維新のとき、若者によって変わりました。大久保利通などの当時の若きリーダーが、ヨーロッパ諸国を視察して、どんどん外国の文明を取り入れ、飛躍的に発展したのは事実です。しかし、150年以上経ってみると、この日本という国の素晴らしい家族制度や、学校の道徳教育、伝統文化というものは、何処へ行ってしまったのでしょうか。昨今は十七条憲法は聖徳太子がつくられたものではないなど、歴史観というものが変わってきました。

つまり、「変えなければならないもの」と「変えてはならないもの」の識別が、間違ってきたのではないかということです。

明治天皇も、「善《よき》を取り　悪《あ》しきを捨てて　外《と》つ国に　劣《おと》らぬ国と　なすよしもがな」と、お詠みになられました。「日本は、善いことは取り入れたらいいけれども、間違っていることは止めた方が良い。そして、外国に劣らぬ国家になりたい」という意味の御歌です。

これからの21世紀、日本はアメリカやヨーロッパやアジアなどの諸外国のどの国と結びついていったらいいのか、全く混沌としてわかりません。そして、経済や文明が発達すれば、本当に日本という国が善くなるのか、悪くなるのかということを通して考えたとき、どの国とも交流することは良いが、頼ってはいけない。今、最も智慧を出さないといけないことは、「変えてはならないものを受け入れる忍耐」と「変えなければならないものを変える勇気」で、これを教えないと、若者が育たないように思います。どう識別するか、これが、戦後76年を迎えた大切な生き方になると思います。

世界の人々の目は、近代日本の文明にあるのではなく、近代日本の文明を造り出した奥にある、勤勉さや辛抱強さを、日本の心として、とらえたいと思っているように思います。

「みんなのおかげさま」

創業30周年、50周年を迎える会社に頼まれ記念講演をすることがあります。演題は「おかげのおかげのおかげさま」とつけています。何年も続く会社も、人生も、深く考えると不思議なご縁でいっぱいです。まさに、山あり谷ありで自分1人ではないことに感謝するばかりです。

上皇后様の歌集『瀬音《せおと》』に、道と題して詠まれた歌があります。

「かの時に　我がとらざりし　分去《わかさ》れの
　片への道は　いづこ行きけむ」

中山道の分去《わかさ》れという場所で、ご自分の選ばなかった片方の道はどうなったのかと、人生の縁の不思議を歌にされました。

思えば、私は中学3年の時、担任の先生にお願いし、東京へ集団就職に行くつもりでした。そんな時、母が信頼していたお坊さまの「お母さん、あなたは5人の男の子がいるから、1人ぐらいはお坊さんにしたら」という一言で私は薬師寺に入ることになり

おかげの　おかげの　おかげさま

ました。岐阜の根尾村の田舎者が、縁もゆかりもない奈良の薬師寺へご縁をいただくことは不思議なことです。

師匠の橋本凝胤師は、戒律を守り、肉食妻帯《にくじきさいたい》をしない立派な方で、世間では鬼より恐ろしい僧侶という評判の方でした。兄弟子が6人、高田好胤師もおられました。師匠は挨拶の仕方から、電話の受け答え、僧侶としての立居振舞い等、何1つ教えてはくれず、見て覚えるのみでした。高田好胤師は修学旅行生に薬師寺と奈良の歴史を説かれ、昭和42年（1967）に管主になり、お写経による金堂復興を誓願されました。この呼びかけに応えてお写経に来られた方々…。

今、後期高齢の80才になって、自分の人生を振り返ると、母が育ててくれたおかげ。僧侶になるよう勧めてくれたお坊さまのおかげ。高田好胤師のおかげ。今、薬師寺や喜光寺のお写経をして下さっている皆さんのおかげ。こう考えると1回ぐらいのおかげでは、済まされない、沢山なおかげをいただき、今があることを感じる昨今です。

第4章　佛教法談

迷いを転じて悟りを開く。
この章で説かれる佛教の教えにより
多くの方の心が救われますようにと願います。

「人間は無知でだまされるのか」

佛陀は人間の間違いは全て愚かな「癡《ち》（痴）」という煩悩から起こるといいます。

ところが、人間は「万物の霊長で、人間ほど賢いものはない」と自負しています。ですから経済や科学を発展させ、便利かつ快適な生活をすることこそが人生の幸せだと信じ、経済至上主義になっています。たしかに目の前の生活は、家電を始めとするありとあらゆるものが開発され便利になりました。ところが、その裏側を見ると多くの目に見えないものを失っています。

川柳に「便利さが主婦をどんどん退化さす」とありましたが、主婦だけではありません。子どもから大人まであらゆる人間が、精神的にも肉体的にも退化し弱くなっていると思います。それ以上に良くないことは、このことが悪いことだと気付いているのに、人間の貪欲という欲深な煩悩が際限なく、もっと便利になろう、もっと経済を豊かにしよう、そして科学を発展させ、クローン人間をつくり、果ては宇宙にまでも行こうとしているのです。佛陀は、この限りない人間の欲望を満足させるには「ヒマラヤを黄金と化しても1人の人間の欲望を満足させることは出来ない」と説いておられます。私たちも30年前は家庭にテレビが1台あり、冷蔵庫やクーラー、それ

愚者と賢者（法句経より）

に車が１台あれば、最高の幸せと思っていたのに、今は何があっても喜ばないし感動も感謝もしない。ただ不平と不満の心を抱いて、もっと便利になるための方策を論議し、振り返って反省することもなく、次々と欲望を駆り立てていくのです。この欲望こそ愚かという以外の何ものでもありません。

『法句経』の中で佛陀は「人、己にいささかの慎みもなければ、あたかもつる草が己の宿る沙羅樹を覆い枯らすが如し」と教えられております。まるで現代の人間に、慎みを持たなければ、公害によって地球を覆い枯らしてしまうと、警告されているように思います。同時に私は、これからの開発は人間の心という田んぼをせっせと耕すことだと考えています。

「心という田を耕そう」

心の健康、心の時代などと頻《しき》りに心の教育が叫ばれています。しかし「心」そのものの実体がわかりません。心が大事だ、大切だ、と言っても始まりません。心とは一体どんなものか。佛陀の教えを紹介しながら考えてみたいと思います。

佛陀は、「心」を「田畑」に例えて教えておられます。『法句経』に「田畑は雑草によって損なわれる。人（の心）は貪欲によって損なわれる」とあります。佛陀は、人間の心を田畑の管理と同様にしなければならないと教えておられます。

古歌に、「田の草は主《あるじ》の心一つにて、米ともなれば、荒地ともなる」とあります。不動産の田畑は持っていなくても、我々は、心という田を1人ひとりが持っていますから、1億2000万人の日本人は、1億2000万の心という田畑の地主と考える事ができます。

この心の田畑は、自分自身で草引きと耕しをする管理が必要です。よく耕された人の心に、米や野菜や果物の種を蒔けば、よく育ち実るというのです。草も引かず耕しもしないで放置した持主の心に、どんなに品種改良をした種を蒔いても何も生えません。雑草に負けてしまうばかりです。

そして日本人は、米作りを中心とした農耕民族でありましたから、朝から夕方まで田畑の草引きや耕しをして、米の収穫に努力してきました。この働くという習慣が、つもりつもって勤勉で努力型という真面目な日本人の性格を築きあげ、それが日本民族の資源であり誇りとまでに言われるようになりました。ところが、現代は米が採れ過ぎる、野菜が出来過ぎるとして、行政は、休耕田という荒地を作り出すことを奨励し、しかも農家には働かないで雑草を生い茂らしている土地に補助金まで出すという政策をとって、働く者が愚かにさえ思えるような世相を作り出したのです。

本当に日本は変わりました。確かに、余裕や余暇のあることは素晴らしいことです。しかし、ここに問題があることも確かなことです。

学校教育の制度や教育内容をいじっても、人間の心は耕せない、と佛陀は教えておられるのです。

歌に、「米蒔いて米が生《は》ゆれば、善に善、悪には悪が報ゆるとぞ知れ」（新渡戸稲造）とあります。現代は、働きもしないで儲けよう、努力も苦労もしないで、立派な人間になれると思っていますが、それは無理です。今は、価値観の多様化とかで、あれもいい、これもいい、野性も個性もいい、欠点も癖も味があるとばかりに、何でも認めています。この結果が現代の社会であり世相を造り出しているように思います。

川柳に「雑草の生きる権利に庭が負け」というのがありました。1億2000万人の1人ひとりの心の田畑を耕す努力や草引きをしないで、荒地のまま権利だけ主張する日本人に、次代の希望が持てるのでしょうか。

心の教育は、短い時間では簡単に解決しません。「この子の教育は何才頃から始めればいいですか」と、ある主婦がナポレオンに尋ねました。すると彼は、主婦の顔をじーと見つめ、「あなたを産んだお母さんの時から教育をしなければ遅い」と言われたそうです。戦後70年以上が過ぎた今日、日本人が経済成長一辺倒に片寄りすぎ、人間の心の教育を忘れたことを取り返すには、随分時間を必要とすることでしょう。

「なんでやねん」

不思議と思う今の世の中を、佛教はどう教えているのかをみると、「世」の意義は3種あると言っています。その第1は「毀壊《きえ》」、第2は「有体治」、第3は「真理を覆うもの」、とあります。第1の「毀」は「こぼつ」と読み、こわす、破壊する、人を悪く云うなどがあります。「壊」は毀と同じく、こわす、こわれる、やぶれる、という意味です。世は変化し、1つの価値観が崩壊していく世界という意味になります。第2の「有体治」は、おさえる、世間の中にあるものは何らかの意味においておさえなければいけない、そういう性質をもったものを、世と云います。第3の「真理を覆うもの」というのは、「永遠不変の世界を覆っている」という意味が、世であります。

「世」という字を漢和辞典でみると、嘘という原義があり、「卅」(30)の字を本とし、その下端を引き伸ばして、続き流れる意味を示したものとあり、人間の活動期間とされる30年1世の意味とあります。

憂いを秘めた　阿修羅像

佛教の意味と漢和辞典の意味を総合すると、世の中の価値観は30年周期で変わっていき、現在常識と思っていることが、30年も経つと変化してしまうのが世の中ということです。

川柳に「常識も世代変われば非常識」とあります。女性が、コップや湯飲みでお茶や水を飲むのは1世代前のことで、今は紙コップを節約して直接ペットボトルをラッパ飲みするという世の中になったのだと、無理矢理に理解すべきなのでしょう。無駄な所に電気は不要と思い、消すと、若者が後からつけなおすのです。「もったいないから消せ」と言うと、「暗闇にして、もし、けつまづいて骨でも折ったらどうするんですか、電気は明るくするためにあるのでしょう」と説得されると、成る程と思う。でも、私は幼少の頃、母に「いたずらに枕にともす灯火は思えば人の油なりけり」と教えられました。無駄な電気を消すことは地球の温暖化を防ぐと思っていたら、消費は経済発展になり、景気が良くなることだという。またしても、「なんでやねん」とわからない世の中です。

「家々から煙が上がっているか」

日本で1番古い書物である『古事記』は、編纂されて1300年以上が経ちます。上・中・下とあって、その下巻は16代目の天皇から書いてあります。16代目の天皇は仁徳天皇です。大阪の堺にある御陵は世界最大のお墓と言われています。その仁徳というお方はなかなか賢い天皇でしたが、女癖が悪かったようです。『古事記』によると、すぐ綺麗な女の人に手を出して、皇后さまは随分ヒステリックになっているといったことが書いてあります。

天皇は、時には自分が治めている国が幸せにやっているのを確認するために、家々から煙が上がっているかどうかを見渡しました。現代では煙が上がっていないというのは当たり前だと思うでしょうが、昔は煮炊きをすると必ず家から煙が出るのです。煙が上がっているということは、食事をして暖をとって幸せに暮らしているという証拠になります。

『万葉集』には、第34代の天皇である舒明《じょめい》天皇がお作りになった長歌が収録されています。

大和には　群山《むらやま》あれど　とりよろふ　天《あま》の香具山《かぐやま》　登り立ち　国見《くにみ》をすれば
国原《くにはら》は　煙《けぶり》立《た》ち立《た》つ　海原《うなはら》は　鴎《かまめ》立《た》ち立《た》つ　うまし国ぞ　蜻蛉《あきづ》島　大和の国は
（巻1の2）

という国褒めの歌です。天皇が1年に1回は国が盛んになるように御歌をうたうというのが、今も1月15日の御歌会になっているわけです。

最近は歌を「よむ」と言いますが、本当は「うたう」という方がいいですね。うたうのは訴《うった》えるということから来ているのです。天地自然に対して、どうぞ天よ地よ、私たちに豊かな自然の恵みを、そして天災が起こらないように、天候が順調でありますように、そういう祈りを捧げる。雨を降らす神がおられ、実りを与えて下さる神がおられるから、その天と地を褒める歌、つまり国褒めという歌があるのです。

家々には煙が立って食事が作られている、水辺には水鳥がいっぱい集まって、豊かな自然の恵みをいただいている、それは天のおかげであり、地のおかげであり、水のおかげである、と。そういうふうにうたうと神さまが喜んで下さるというので、今も御歌会が続いているのです。このように、日本という国は古いことをずっと続けているのです。

仁徳天皇は、煙がひとつも立っていないのを見て、国民が飢えているではないか、そんな生活に税金をかけてはいけないと考え、3年間無税にしたという話が『古事記』に登場します。そのような慈悲を国民に与えた仁徳天皇だから、最大のお墓が造られたのです。また、仁徳天皇陵の中には、埴輪を3万基納めていると書いてあります。中国の秦の始皇帝ゆかりの兵馬俑《へいばよう》が有名ですが、あちらは1号坑《いちごうこう》というところに6000体が安置されているのです。

「人間の欲は際限がない」

いのちあるものはみな燃えています。燃えているというと、炎を出しているものばかりを想像するかもしれませんが、人間だって燃えているのです。燃え尽きれば土になります。土はやがて鉱物になる。この鉱物が土の中の水分を集めて地下水になります。その水が循環して、いのちを育てていく。これが宇宙の循環の原理です。

ところが、この循環をしないものを作ってきたのが、現代の文明なのです。焼いても炊いても絶対に土にならないものがある、たとえば、プラスチックを燃やして発生するダイオキシンだとか、原子力発電所の事故で放出された放射性物質といったものです。自然に還らないこうしたものを、どうしたらいいのでしょうか。

この世界をきちんと見極めたのが佛陀でした。佛陀は12月8日に暁《あけ》の明星を見て真理を発見されたのです。

私たちは真実が当然この世の中にあるように思っているけれども、真実というのが何かを見たことがありません。実にいい加減なものを真実と思っているだけではないでしょうか。

真実などというものはないのです。聖徳太子は「世《せ》間《けん》虚《こ》仮《け》、唯《ゆい》佛《ぶつ》是《ぜ》真《しん》」と言いました。佛さまだけが真実だというのです。この世は仮の姿でし

自分のものは存在しない

かない。お金の価値も変わります。1ドルが90円になったり１２０円になったり、どこまでが円高でどこからが円安かはよく知りませんが、変動していてその根拠がわかりません。

佛陀は人間には生まれながらにして3つの毒を持っていると言いました。「貪瞋痴《とんじんち》」の三毒です。貪《とん》はむさぼり、瞋《しん》はいかり、痴《ち》は愚痴です。愚痴といっても親や上司に対して文句を言う、あの愚痴ではありません。もっと根源的な人間の愚かさのことです。

煩悩というのは6つあるとか、10あるいは20、１０８あるなどいろいろと言われます。煩悩というのは1つ起こすと次に影響していきます。次を起こすとまた次が出ます。腹が立つと、その腹立ちがやがて人を殺《あや》めることにまで発展してしまう。そのように煩悩の数は増えていくわけですが、本来はこの3つです。

「蛇が脱皮をするように」

蛇は冬眠します。10月ごろから地下にもぐって、死んでいるのか生きているのか、息はしているのでしょうが、じっと動かずに眠っています。

佛陀は「涅槃に入った」と言い、死んだとは言いません。弘法大師は「入定《にゅうじょう》した」と言って、56億7000万年後にもう一遍お出ましになると言います。

死んでいないと言うのです。高野山には弘法大師と一緒に生まれ変わりたいと願い、多くの人がお墓を建てました。大臣も将軍も商人もたくさんお墓があります。そうすると、死んだらもうおしまいと考えるか、それとも蛇が冬眠から目覚めて出てくるように、死んでもまた生まれ変わると考えるのでしょうか。

植物も、桜や梅といった落葉樹は、冬眠していると言っていいのでしょう。針葉樹はまた違うかもしれませんが、落葉樹はいったん葉をすべて落としてしまい、春になると花を咲かせて新しい葉を出す。

そうすると人間もまた、冬眠する時期があってもいいのかもしれません。雪国の人は昔から、冬になると冬眠のような暮らしをしていました。３カ月か４カ月はずっとかち栗や、干柿といったものを食べて、じっと動かずに暮らすのです。ところが太平洋側の大阪や東京では、３６５日ずっと起き続けているものだから、ややこしくなってくるのです。

自然をもっとありのままに見ると、私たちは自然に逆らって生きていることがわかります。佛陀はどうでしょうか。できるだけ自然を見ようと研究して、自然とはこういうものだという自然の哲理を発見したのです。それをわかりやすく言えば、「諸行無常《しょぎょうむじょう》」ということです。自分のものというのがあるように思っていますが、実は何も持ってはいません。私たちは夢ばかり追っているけれども、それは「顛倒夢想《てんどうむそう》」だといいます。そういう間違った考え方を捨てて、自然とはこうだというふうに、佛陀は自然を発見していくのです。

西洋文明では、自然を敵のように考えて、自然に勝つための発明ばかりしてきました。その発想のなれの果てが、今の世界に問題を起こしています。どの国も一遍考え直さなければならないという時に、西洋的な考え方ではどうにもなりません。今こそ佛陀のように自然に生きようというところから出発しなければならないと思います。

私は蛇の脱皮とは、こういうことだと思うのです。蛇は必ず脱皮するのです。この脱皮をどのようにしていけばいいのか。課題はいっぱいあると思いますが、佛陀のように物事を見つめる能力を持てるかどうかです。

「『金光明最勝王経《こんこうみょうさいしょうおうきょう》』の教え」

天武天皇は諸国の家ごとに佛舎を造るよう詔《みことのり》をお出しになっておられ、聖武天皇は当時67あった諸国に国分寺をお建てになりました。国分寺では『金光明最勝王経』というお経が講讃されていました。『金光明最勝王経』に出てくるのが「大吉祥天女品《ぼん》」という章です。吉祥天女さまはインドの神さまでクラシュミーといい、美と幸福と豊穣の女神です。奈良時代のお寺ではお正月には

金光明最勝王経　国土泰平

吉祥天女さまを祀り国家の繁栄と国民の幸福を祈願していたのです。

『金光明最勝王経』の金は太陽を表します。太陽の光はすべてのものに平等に光を与えます。その明かりが慈悲の恵みとなり、いきとし生けるものは育ちます。同じように慈悲の心を以て政治を行う王様が最も優れた王であるというのが、『金光明最勝王経』の教えの根本です。奈良時代の天皇さまは『金光明最勝王経』の教えをもって政治を行おうとしました。天災が起こると自分の人格がまだ天に認められていないので、天災が起こるのだとお考えになりました。だから足りないところをお寺でお祈りしてほしいと願われました。人々を思いやり、謙虚に自然を敬い、自然の中で生かされることへの感謝のお心をお持ちになられていたのです。そのお心を今も保ち続けているのが奈良の文化です。薬師寺の金堂ではお正月に、吉祥天女さまに1年の幸福を祈るお経をお唱えします。また、薬師寺は『金光明最勝王経』を学び、講讃する最勝会を復興し、大講堂で毎年4月に勤めております。やはり日本の心は奈良に有ります。

「観自在と観世音」

「疲れたるものに五里の道は遠く、眠れざるものに夜の闇は長い」といいます。皆さんは夜が長いと感じますか。1日よく働いて寝るならば、決して夜は長くないはずです。薬師寺の寺僧たちは4時半に起床します。お薬師さんが待っておられると思うと、急いで顔を洗って、5時に鐘を撞き、お経をあげさせてもらう。そうすると、私のお経をお薬師さんがおいしいと思ってくれてニコッと喜んでくれた気がする。そんなふうに考えれば、朝起きるのも苦痛ではなくなります。

お釈迦さまは、犬も豚も牛も鳥も魚も皆、「一切衆生《いっさいしゅじょう》」だと言っておられます。「衆生」と漢訳したのは鳩摩羅什《くまらじゅう》です。玄奘三蔵法師はこれを「有情《うじょう》」と訳しています。訳の違いといえば、「観世音《かんぜおん》」と訳したのが鳩摩羅什で、「観自《かんじ》在《ざい》」と訳したのが玄奘です。もともと同じ言葉ですが翻訳家によって訳語が違っているわけです。『般若心経』では「観世音菩薩」ではなくて「観自在菩薩」

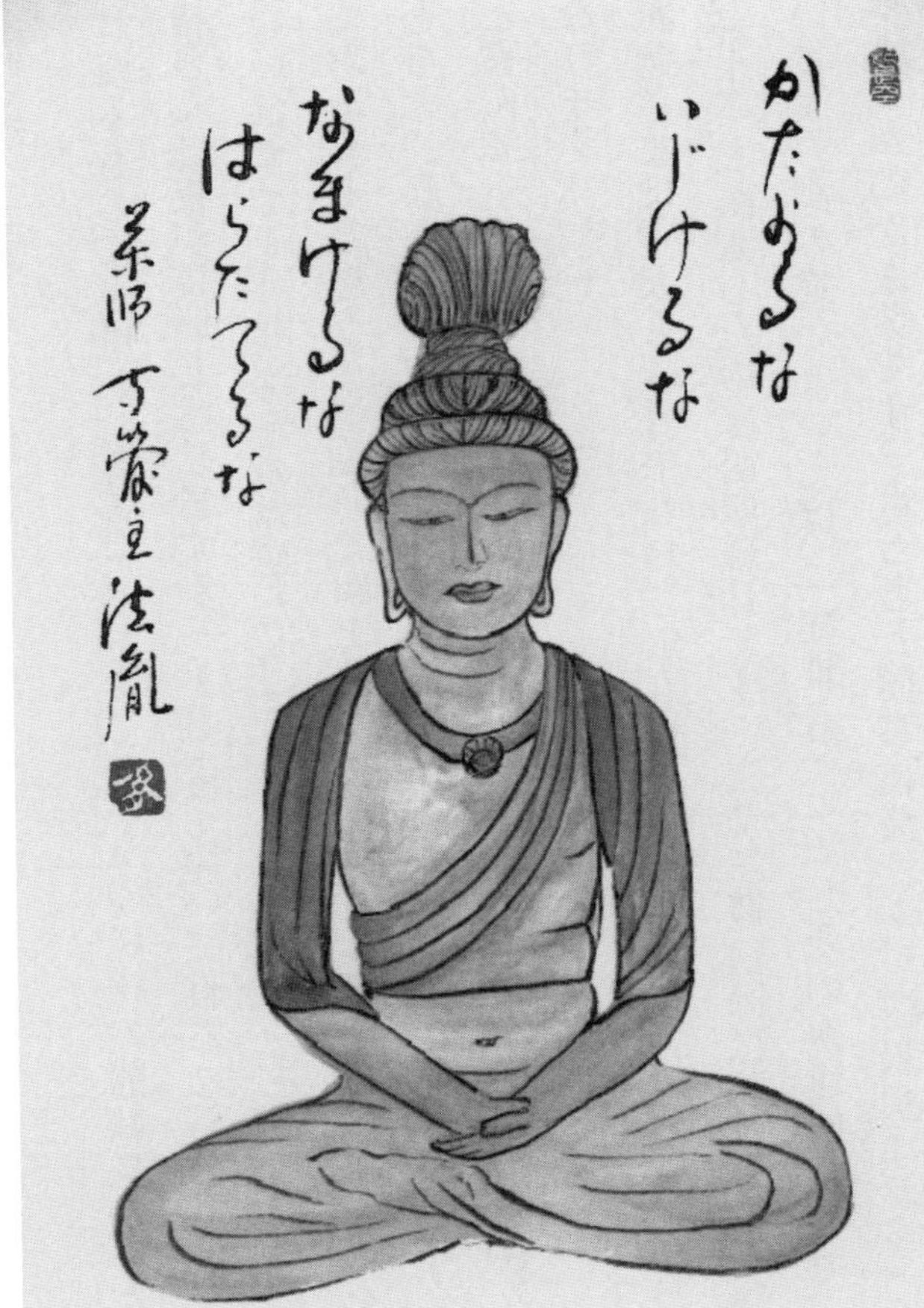

日常のこころの持ち方

となっています。自在に観るのと、世の音を観る。同じことを言っていてもずいぶん違って感じられますね。

私たちには物が自在には見えません。小さい時からずっと、自分の知識でしか物を見ておらず、そういう認識を蓄えてきていますから、あれは汚いと認識しているから汚い、これは価値があると認識しているから価値があるというように、自在には物が見えないのです。これは汚いという認識を、どこが汚いのかと見直してみると、小さい時に親からそう教えられたとか、その程度のことなのです。そういう概念を変えればなんでもないのに、それがなかなかできない。地球上に存在するもので、汚いもの、きれいなものなどという区別はないのです。それはこちらが勝手に自分の認識でそう思っているに過ぎないのです。

観世音というのは、私たちが発している心の苦しみの音、ああしんどいな、つらいな、こんなのはやりきれないと、世の中で辛いと感じている心の音を出している、その音を聞いてあげよう、感じてあげようというのです。

病院の看護師さんというのは、患者にとって観音さまのような存在です。なんでもハイ、ハイとやってくれて、観世音だなと思います。ところが思ったとおりにやってくれないことがあると、こちらはとたんに腹が立ってきます。その時に、「ああそうか、私の見方が間違っているから看護師さんが私に対して反発したのだな」「私の見方を変えたらもっと親切にしてもらえる」と気づいて、自分を変えていけたら、もっと良いお付き合いができるのです。つまり、観世音というのは人間の願いや要望を聞いて下さるということですから、人間が努力しないで頼むということになりますし、一方、観自在というのは自分自身を変えていこうと努力することになります。

夫婦喧嘩などというのも、たいていはそんな調子ではないでしょうか。俺がお前と結婚してやったから今日まで楽に暮らしてこられたんだと言えば、妻の方はこれまで誰が食事を作ってきたと思っているのか、という話になる。これではなかなかうまくいきません。今まで女房をこきつかうようなことばかりで、楽をさせてあげたことがなかったな、ちょっと手伝ってあげようか、となれば奥さんのほうでは、今晩ビールを出してあげようか、ということになるのです。観自在と観世音は言葉の上ではずいぶん違うように見えますが、やはり根元のところは同じことを言っているようにも思えます。

「何が『本当』なのか」

お釈迦さまのお言葉に、「諸行《しょぎょう》無常《むじょう》、是《ぜ》生滅法《しょうめっぽう》、生滅滅已《しょうめつめつい》、寂滅為楽《じゃくめついらく》」という句があります。日本の「いろは歌」の原形とも言われています。

私たちは「本当」という言葉をよく使います。けれども何が本当かと考えてみると、これが案外難しいのです。いったい本当とは何か、何をもって真実というのか、そこを深く考えていただくと、お釈迦さまのおっしゃっていることがだんだんわかってくるのではないかと思います。皆さんの見ているもの、聞いているもの、考えていること、今日までやってきたことは、本当のことだろうか、真実だったのか、どうなのだろうと思ったら、佛教ではそれをどういうふうに説いているのか、そう考えることで、お釈迦さまの教えが私たちの日常生活のなかにも少しずつ反映してくるだろうと思います。

佛教を頭のなかの理屈で言っているだけでは、私たちの生活に生きてこないのです。そのために私たちは、これは本当なのかという問いを常に考え続けなければいけないと思うのです。

地球の引力を発見したニュートンが、真理というものの理解について、こんなたとえ話をしています。「大海を真理とするならば、私たちは幼児が貝殻で一杯の海水をすくう程度にしか真理というものを知らないのではなかろうか」と。つまり私たちは真理の99・99パーセントを知らないのに、これが真理だと思い込んでいるものがある。私たちはほとんど何も理解しないで、解明できたと思っている。そういう錯覚を改めるためにこそ、佛教は有効だと思うのです。

地球を中心に太陽や星が回っているという天動説に対し、コペルニクスが地動説を唱えました。天が動いているのではなく、地が動いているのだとまったく反対のことを言うものだから、当初はなかなか受け入れられませんでした。今でこそ、天動説は間違った説だったと言えますが、しかし考えてみると、私たちの生活上は天動説でも地動説でもそう差し障りはないわけで、朝になると東から太陽が出て、夕方になると西に沈む、そのサイクルだけを見れば、天動説のほうが生活に合っているようにさえ感じます。それはともかく、その地動説を誰が証明したかというと、当時の旅行家たちでした。

地球には端があって、そこから先は下に落ちてしまう、昔はそう信じられていたのですが、そんなはずはないと考えたコロンブスは、サンタマリア号という船に乗り、７つの海を渡って行きます。この船を造る費用はみんなに出資させて、私がこれから航海して金銀財宝をこの船に満載して帰ってきたら、お金を５倍10倍にして返そうと言って、出かけて行くのです。コロンブスが発見したバハマという場所には原住民の人たちがいました。彼らは何も持たずに裸同然で暮らしていたもので、コロンブスは何も金銀財宝は得られなかったのですが、地球が丸いということがこの航海で証明されたわけです。

「玄奘三蔵法師のおすがた」

玄奘三蔵法師はどのようなお方であったのか、私もお経をあげながら、いろいろ考えたりしています。佛教の正しい教えをどうしても中国に伝えたいというお気持ちから、27歳という若さでインドへ行こうとご発願されました。その行動から、大変大きなビジョンをお持ちになっていたお方だと思っています。その法師が中国にお帰りになった年が貞観19年（645）であり、日本では大化の改新があった年です。

帰国されてからはお経の翻訳に専念されました。のべ1335巻ものお経を翻訳されたことで知られています。

なお、現在も薬師寺でお写経として書写していただいて

玄奘三蔵法師

いる『般若心経』は、貞観23年（６４９）に翻訳されたという記録が残っています。

皆さんに1番偉大な旅行者は誰かとお尋ねすると、マルコポーロやコロンブス、あるいはマゼランなどの名前を挙げる人もおられると思います。しかし、私は玄奘三蔵法師が1番偉大な大旅行者であったと思っています。

玄奘三蔵法師は仁寿《じんじゅ》2年（６０２）に生まれ、貞観《じょうがん》3年（６２９）からは砂漠を越え、天山山脈、ヒンドゥークシュ山脈という７０００m級の山々を越えてインドに向かわれました。その山脈で雪を布団とし、氷を枕にしたと記録に出ているほど極寒で7日7夜をかけて越えたと言われています。さらに、インダス川を渡って、お釈迦さまの聖地であるインドに赴き、「八大佛跡」、さらにはインドのありとあらゆるところを巡られました。さらに5年間、ナーランダ大学というところで勉強されて、持ち帰ってきたお経が、『唯識三十頌《ゆいしきさんじゅうじゅ》』というお経なのです。法師はこの大旅行で何を目的にしていたのかというと、佛典を求めるということが第1でありました。第2はお釈迦さまがどのようなところでお悟りを開かれたのか、どのようなところでお説法をされたのか、どのようなところを歩かれたのかをご覧になるためでした。お釈迦さまがお生まれになったルンビニーを訪ねられ、お釈迦さまが亡くなられたクシナガラも訪ねられ、お釈迦さまがいらっしゃったところにお立ちになって、空を仰いで、星を眺め、月を眺めて、きっとこの月はお釈迦さまもご覧になった月だと、お釈迦さまが身体で感じたインドの自然を、法師は肌で感じながらインドを巡っておられたのではないでしょうか。そして、最後は佛教の正しい教えを中国に伝えることが、中国をもっと良くすることになると思われたのです。このように、法師の求法《ぐほう》の旅は一切の金銀財宝を求めないで心を大事にされたと言えるでしょう。

「身心を安らかに楽しく」

宇宙に行った飛行士が宇宙から地球を見てみたら、「地球は青かった」と言いました。それまで地球の色がどんな色をしているかなど、誰も考えもしませんでした。そして、地球は弱々しい、ガラスのように壊れやすいものであると言ったのです。

ところが、お釈迦さまは『薬師経』の中で、瑠璃光浄土《るりこう》とおっしゃっていたのです。瑠璃というのは青く美しいのですが、ガラスのように壊れやすいものです。すでに2000年以上も前に、お釈迦さまにはこの世界がそう見えていたのですね。そんな地球を救済し、幸せを与えたいという願いを持っているのが、薬師如来なのです。ですから薬師如来はこの瑠璃色の星に生活している生きとし生けるものたちを、安らかに楽しくしてあげたいと考えており、それをお経の中では「身心安楽《しんじんあんらく》」と表現しています。

お薬師さんは、身体と心を安らかに楽しくしてあげたいという12の願を誓って、この地球上の人たちの苦しみ、悲しみを取り除き、願いを叶えてあげようとしてくれています。薬師如来が数える12とは、1年が12カ月ですし、かつては1日の時も、方位も12で数えました。これは東洋の発想なのでしょう。

東洋ではこの地球上の成り立ちを木《もっ》火《か》土《ど》金《こん》水《すい》という5要素に分けて考えます。これを「五行《ごぎょう》」と言います。地球上に生きているもの、それは人間だけではなく、海の魚も、空飛ぶ鳥も、草も木も、すべて「気」だといいます。この気はエネルギーを出している、それを火という。私たちは36度5分くらいで燃えているわけです。あんまり燃えすぎて40度くらいになるとたちまち死にそうになりますが、それぞれのものによってエネルギーの出し方が違うのです。

これらはいつか土になります。私たちもいずれ土に戻るわけです。それを死んだと言ってしまうと、もうそれで終わりと思いますけれど、東洋的な発想ではそうは言わないのです。土になって、その土の中から金、つまり鉱物になる。その金が水を集めて、地下水や湧水となる。この水から命あるものが生まれてくる、そういう循環を考えているわけです。

「自然から学ぶ」

お釈迦さまが自然を観察されておっしゃった言葉が、お経の中にあります。

「蜂が蜜を集むるに、色と香りと形を損《そこ》なわず、蜜のみ採れり。仁の徳の有る人（佛陀）は、かくの如く村々を歩めり」

「蜂が蜜を求めるに花の形と色と香りをそこなわずして、蜜のみ採れり、仁の徳の有る者は各

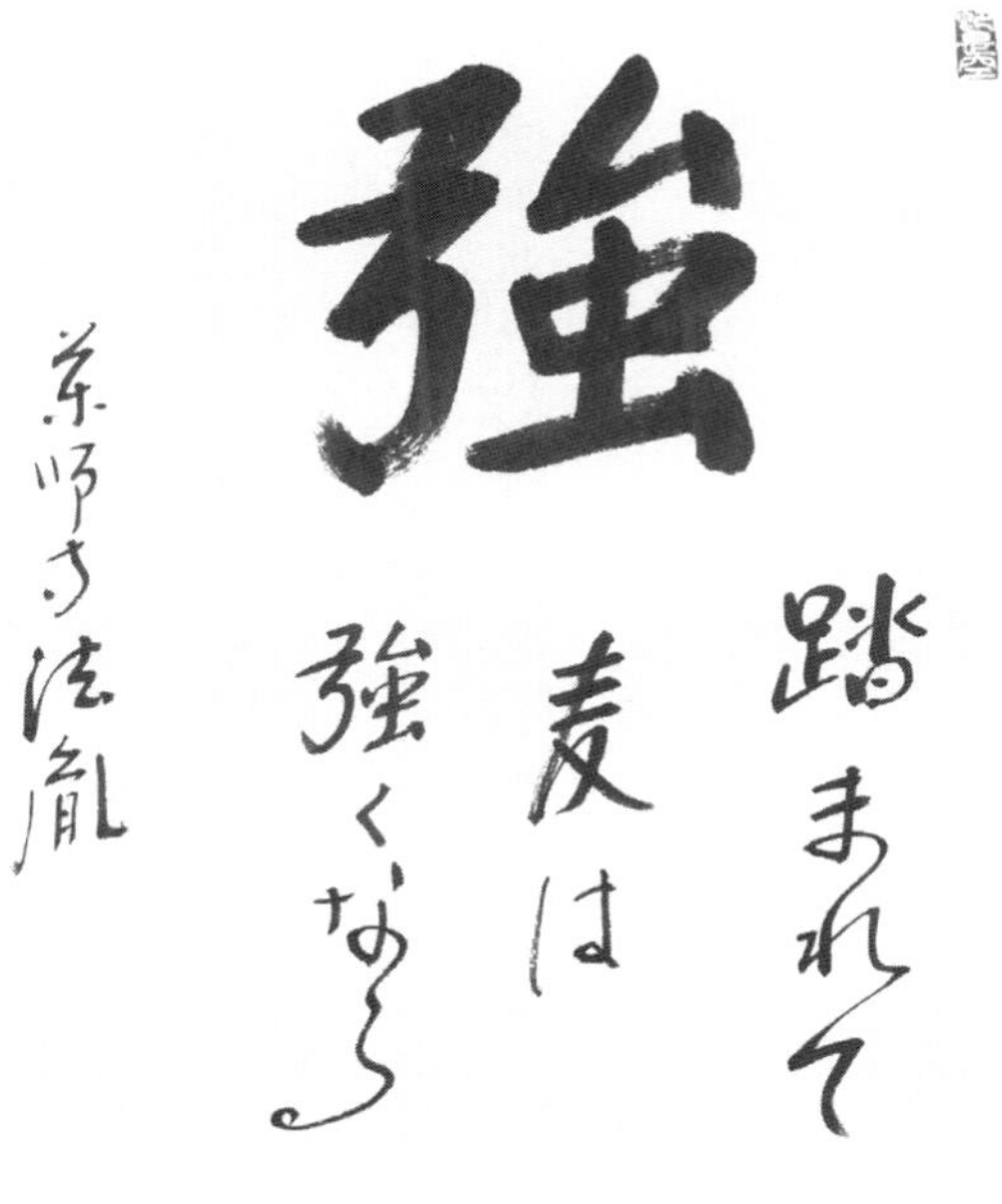

自然から学ぶ

の如く村に歩めり」。という『法句経』の言葉があります。村々というのは、花から花へ移り、蜜を採っている蜂の様子です。ですがそこに花粉を与えている。これが仁の徳です。佛陀が乞食をしながら村から村へ行かれるのは、花から花へ渡る蜂＝（佛陀の教え）であります。蜂は蜜のみ採るだけで花の形も色もそこなうことなく、蜂は花から花へと飛んで行きます。そして、花は実を結ぶのです。

それが、お釈迦さまの托鉢をしながら歩かれるご自身の姿と、ダブらせて説かれています。そして、お釈迦さまが通られた村々には、ちゃんと押し絵という徳が残されているのです。

こうしてみると、私達はお釈迦さまの言葉からすばらしい自然の摂理を学ぶことができます。

ところが、人間はどうかというと、「自然を大切に」などと言いながら、実は自然の営みとは逆の方向へ行こうとします。

例えば、農村に大企業が進出してきて工場などを造っても、都合により撤退し他の土地に移転してしまう、そうすると途端にその村は寂《さび》れてしまったり、大型店舗の進出の影響で、その村の商店街がシャッター通りになってしまうというようなことが、問題になっています。

私たちは、自然の中で生かされているのですから、すべては人間の知恵で動くという驕《おご》った考え方は、改めなければいけないと思います。

「人間の心の深さ」

キリスト教の使徒《しと》パウロの書状に「吾の欲するところの善はなさず、吾の欲せざるところの悪はこれを行う」という1文があります。

人間の心の奥には自分でどうする事も出来ない不思議な恐ろしい心がいっぱいあるということです。佛陀は、人間には無始以来、三毒（貪《とん》・瞋《じん》・癡《ち》）の煩悩があり、その煩悩によって「六道」を輪廻すると教えておられます。我々の心の深い深いところには、マグマのようにドロドロとしたエネルギーが動いているのです。

人間の六根《ろっこん》から煩悩が外に出ないように、心を整える修行を佛陀は教えておられます。西洋の文明は、このマグマのような欲望を満足させるために文明を造り、人間の欲望を満足させているのです。ノーベル賞を受賞したフランスの医学者、アレクシス・カレルは、「今日の機械文明は神が造り出したものではない。全

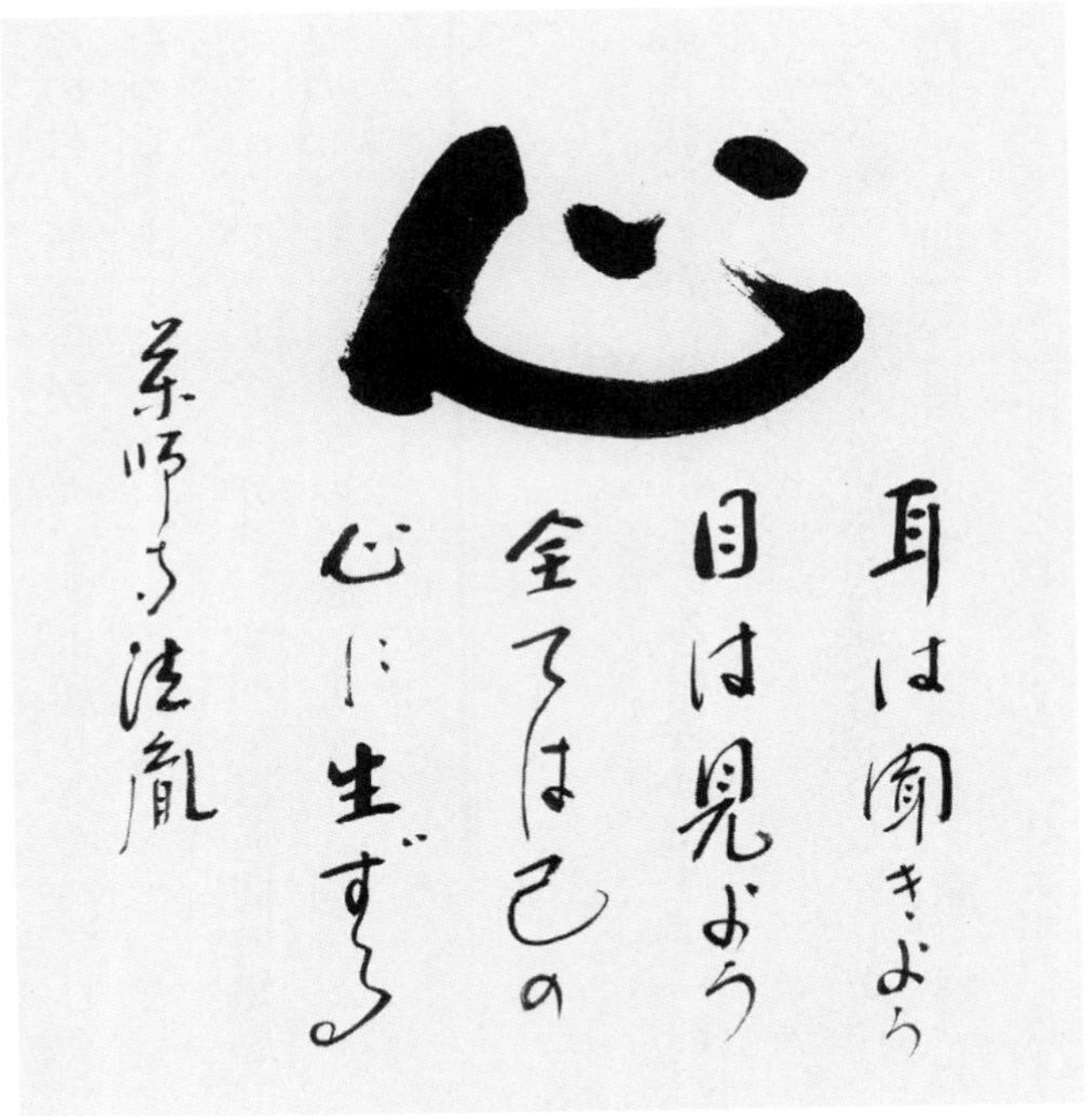

全ては己の心に生ずる

て人間が開発したものだということを確認しよう」と述べています。確かに、ミサイルや核兵器、化学肥料、エアコンも人間の欲望を満たす為のものです。自動車やＡＩ、パソコン、スマホもそうです。空気や水、大地の汚染、地球温暖化などの原因は人間の心から起きています。

日本も１５０年以上前の明治維新から、ヨーロッパやアメリカに負けないように物を造り経済至上主義に邁進し、今日に至っています。近年の豪雨、台風等の気象の変動は我々の生活を破壊し、やがて地球を滅ぼすことにつながります。

佛陀は、２５００年前、経典に「五濁の悪世」を予言しておられます。「五濁《ごじょく》」とは、①劫濁《こうじょく》・②見濁《けんじょく》・③煩悩濁《ぼんのうじょく》・④衆生濁《しゅじょうじょく》・⑤命濁《みょうじょく》ですが、その汚濁《よごれ》の根本は、人間の考え方、思想であり、つまりは心が社会を汚しているというのです。あらゆる社会問題、事件等の嘘と言い訳は、全て人間の煩悩の深さから起こるのではないでしょうか。

「迷いを転じて悟りを開く」

世俗の世という字は、分解すると10が3つで30という意味があります。だから世代というのは、ずるずる引きずるものではありません。30年で辞めたら上手くいくのに、35年、40年と勤めても、いっこうに役に立たないのです。十干は10年単位です。10年一昔《ひとむかし》なんて言いますね。だから30年もやったら、世代交代しなければならないのです。世の中は変わっていきます。まるで谷川の流れみたいなものです。

世俗の中でみんな汗をかいて一生懸命やっています。普通の人だけではなくお坊さんの中にもいます。俗塵《ぞくじん》物のように生きて行くお坊さんのことを俗僧と言います。境内が広いからといって、駐車場を造ってみたり、喫茶店を開いてみたりするお坊さんもいます。そういう世俗の中にあっても、ちょっとだけでもいい生き方をする努力は必要ではないでしょうか。

勝負というのは勝てばいいというものではありません。相撲でも綺麗な勝ち

制多迦童子・迷いを転じて悟りを開く

方というのがあります。絶対に身を引いたり、横に跳ばないと言った横綱がいました。しかし、今の柔道やレスリングを見ていると、ポイントを稼ぐことばかりです。野球でもホームランバッターを敬遠して点を取らせず、勝負に勝てばよいという戦い方です。

世俗の中での優れた生き方を、勝義《しょうぎ》といいます。自分の人生、つまらないように思ったけれど、これでよかったのだと思える世俗の中に勝義があり、勝義の中に世俗があります。

親が共稼ぎをしているので、子供が生まれて半年足らずで保育所に入る。いろいろな子供さんが集まって、あれには負けられないとやっていると、小さな時から闘争心が発達したり、非常に理屈っぽくなったりします。人間はそういうものを本来持っているので、親の教えや教育として、子供にとって大事な時期に沁みこんでくるものが物質的な便利主義になってしまうのです。今の学校制度などもよく考えていかなくてはならないと思います。

よく女の子が「ウッソー(嘘)、ホント(本当)?」と言いますけれども、どっちなのでしょうね。そのウッソーと言っている中にも真実がある。ウソかもしれませんが、これのほかに人生はないのですから、そこでちょっとでも、「まあこれでよかった」と思えた人こそ、真実を生きてきたと言えるのではないでしょうか。

私たちは迷路をあっちこっちに向かって動いているようなものです。その私たちの心の中の迷いを転じて悟りを開く。これを「転迷開悟《てんめいかいご》」と言います。迷いをなくして悟りを開くのではないのです。迷いを転じるのです。迷っている者をくるっとひっくり返すと、智慧になって出てくるというのです。だからといって迷わないかというと、そうではなくて、やはりまた次の迷いが出てくる。その迷いをまた転じる。そういう切り替えの連続が人生だと、佛教は言っているのです。

参考文献など

本書は、令和2年（2020）に第50号を迎えた『喜光寺だより』の過去30年間の投稿を抜粋した内容や講演録、新たに本書のために書き下ろした原稿などを中心に構成しました。

第2章は、平成22年（2010）1月22日、平成23年（2011）2月25日に開催された在家佛教協会大阪講演会の筆録に加筆訂正したものです。

あとがき

30年前の喜光寺をご存じの方は、現在の喜光寺がどれほど変わったか、その違いがおわかりいただけると思います。正面に南大門が建立され、左右には阿形と吽形の仁王像が立ち、本堂は、東大寺大佛殿の試みの堂と伝承される室町時代の建物。中には、平安時代に造像された丈六の阿弥陀如来さまと、南北朝時代に造像された観音・勢至の両脇侍さまがお祀りされています。境内の西側には、チタン葺きの方形の佛舎利殿があり、境内には、２５０鉢余りの蓮花の鉢が置かれ、夏は美しい蓮花がみごとです。

行基菩薩が82才の生涯を全うされた寺として、行基堂には行基さまが祀られ、向かい側には弁天池があり、島には弁天堂、堂内には宇賀神王（秘佛）と愛染明王が祀られています。境内の奥には、「いろは写経」ができる写経道場があります。その他、江戸時代の石佛群が祀られ、會津八一の歌碑、万葉歌碑などを配した庭があります。

境内の広さは約１８００坪程ですが、それなりに古刹の風格を持った喜光寺となりました。これは、平成と令和の３０余年の間に多くの方々が信仰して下さったおかげです。私は、行基さまのお寺を復興したいという一念と、行基さまのお徳を顕彰したいという悲願を込め、ご本尊さまに祈り続けました。その念力が、ご本尊阿弥陀如来さまの法力（佛力）によってかなえられ、現在に至りました。ご協力とご結縁をいただいたすべての皆様に感謝するばかりです。

最後になりますが、京阪奈情報教育出版株式会社　編集長加藤なほ様のご協力により、この一冊の本を上梓することが出来ました。

ありがとう。ありがとう。ありがとう。

合　掌

山田　法胤

●著者
喜光寺住職　薬師寺長老
山　田　法　胤（やまだ ほういん）

昭和15年（1940）12月5日、岐阜県本巣郡根尾村生まれ。

昭和31年（1956）1月7日、薬師寺に入山、橋本凝胤師に師事。

昭和39年（1964）龍谷大学文学部佛教学科卒業。

昭和46年（1971）薬師寺執事、平成2年（1990）より喜光寺住職、平成10年（1998）薬師寺執事長、平成15年（2003）薬師寺副住職、平成21年（2009）薬師寺管主、法相宗管長。

平成28年（2016）8月より、薬師寺長老。

著書は「佛法はまるいこころの教えなり」（善本社）、「迷いを去る　百八の智慧」（講談社）、「ブッダに学ぶ　とらわれない生き方」（アスコム）など多数。


〔特別寄稿〕伊東史朗（和歌山県立博物館長）

〔協力〕小林澤應（法相宗別格本山喜光寺副住職・法相宗大本山薬師寺録事）
　　　　髙次喜勝（法相宗大本山薬師寺本坊主事・唯識学寮研究員）

〔写真提供〕
　　Photographer　MIKI（脇坂実希）
　　巻頭カラー／佛舎利殿内観・本尊釈迦如来初転法輪坐像・舎利容器
　　法金剛院　阿弥陀如来坐像（法金剛院所蔵）
　　大善寺　薬師如来像（大善寺所蔵）

行基の喜光寺1300年
〜いろは写経と法話による平成の復興〜

2021年11月2日発行　初版第一刷発行

著　者：山　田　法　胤
発行所：京阪奈情報教育出版株式会社
〒630-8325
奈良市西木辻町139番地の6
URL：http://narahon.com/　Tel:0742-94-4567
印　刷：共同プリント株式会社

ISBN978-4-87806-513-2